Tu casa
con el
feng shui

ordena
tu casa
con el
feng shui

guía paso a paso
para renovar tu hogar

mary lambert

ONIRO

Título original: *The Declutter Workbook*
Publicado en inglés por Cico Books Ltd

Traducción de Joan Carles Guix

Diseño de cubierta: Valerio Viano

Ilustraciones de cubierta e interiores: Trina Dalziel

NOTA: En diversas secciones de este libro recomendamos que
te deshagas de los archivos financieros con regularidad. No
obstante, antes de hacerlo deberás ponerte al corriente sobre
las normas que rigen en tu país en relación con el período de
tiempo durante el cual es obligatorio guardar ese material.

Copyright © Cico Books 2004
Text copyright © Mary Lambert 2004
(Véase p. 95 para copyrights de las imágenes)

© 2004 de todas las ediciones en lengua española:
Ediciones Oniro, S.A.

© de esta coedición para Argentina, Uruguay, Paraguay y Chile:
Editorial Paidós, S.A., Defensa 599, Piso 1° - Buenos Aires - Argentina
   ISBN: 950-12-5771-1

© de esta coedición para México: Editorial Paidós Mexicana, S.A.
Rubén Darío 118, Col. Moderna - 03150 México D.F. - México
   ISBN: 968-853-553-2

© de esta coedición para España y resto de países:
Ediciones Oniro, S.A.
Muntaner 261, 3.º 2.ª - 08021 Barcelona - España
(oniro@edicionesoniro.com - www.edicionesoniro.com)
   ISBN: 84-9754-119-7

Impreso en Singapur - *Printed in Singapore*

Índice

Introducción

Eliminar el desorden en el entorno

Ordenar la casa equivale a limpiar tu vida. A medida que te liberas de pertenencias viejas o inservibles que te atan al pasado, dejas espacios libres para que otros elementos u oportunidades deseadas ocupen su lugar. El arte chino del Feng Shui se ha aplicado satisfactoriamente desde la Antigüedad. El objetivo del Feng Shui es fomentar un flujo suave de energía chi en la casa y distribuir el mobiliario de la forma más auspiciosa posible. Si abunda el desorden, este flujo energético se interrumpe o ralentiza, lo cual, con el tiempo, puede perjudicar la salud y bienestar de sus moradores. Ordenar los espacios constituye el primer objetivo del Feng Shui, un proceso de un asombroso poder que propicia una serie de cambios extraordinarios en la vida.

PURIFICACIÓN

En mi primer libro sobre el desorden, el best-séller *Cómo eliminar el desorden con el Feng Shui* (Oniro, 2002), hacía un énfasis muy especial en el trabajo de los «puntos calientes» en las diferentes habitaciones de la casa, explicando cómo había que limpiarlas y sugiriendo soluciones especiales de almacenaje. En mi segundo libro, *Feng Shui para una vida armoniosa* (Oniro, 2003), me propuse dar un nuevo paso adelante, analizando los efectos desastrosos derivados de la acumulación de desorden en las ocho áreas aspiracionales del Feng Shui en la casa, que menoscababa la economía en el espacio de la Riqueza o influía negativamente en las relaciones en el área del Matrimonio, introduciendo ceremonias de purificación fáciles de realizar para limpiar y purificar la atmósfera después de una limpieza a fondo.

El presente libro difiere de los dos anteriores, pues está totalmente dedicado a la realización del proyecto. Se trata de una obra eminentemente práctica que te lleva a través de todas las habitaciones de la casa, incluidos el patio o jardín, y propone un total de 101 tareas específicas de limpieza a realizar, todas ellas planificadas en el tiempo (anota en el calendario la hora de inicio de cada una de ellas), lo que te permitirá elegir las más apropiadas el tiempo de que dispongas. Encontrarás innumerables tareas de media hora y una hora de duración. De este modo, podrás organizar un *tour* a través del desorden doméstico aun en el caso de que tu agenda esté muy apretada. Tal vez quieras empezar con una selección de fotografías o cuadros en el recibidor o pasillo, redistribuir o reducir la cantidad de ropa en el dormitorio, eliminar los utensilios rotos de la cocina o arrancando la maleza en el jardín. Tú eliges.

Como bien sabemos, el desorden tiende a reaparecer. De ahí que sea muy útil utilizar tablas de limpieza actualizadas para revisar cada área con regularidad. El último proyecto trata del desorden emocional, exclusivo de *Eliminar el desorden*. En efecto, además de acumularlo en la casa, la mente también necesita una limpieza profunda. Los practicantes de Feng Shui creen que, con frecuencia, el desorden material es un fiel reflejo del desorden mental. Así pues, una psique bien organizada y un hogar ordenado andan codo con codo.

Todos necesitamos recompensas por nuestros esfuerzos de reordenar nuestra vida. Ésta es la razón por la que en cada habitación vas a encontrar una lista de atractivos detalles relacionados con la limpieza, tales como pequeños objetos que comprar para tu propia satisfacción, así como una «tarjeta de los deseos» (véase p. 96) que deberías cumplimentar. Fotocópialas en papel de diferentes colores y exhíbelas a medida que vayas avanzando en el proceso de transformación. Escribiendo cómo te gustaría que fuera la habitación de tus sueños, contribuirás a hacerlos realidad.

Las velas son maravillosos energizantes. Úsalas en la sala de estar y el cuarto de baño para purificar la atmósfera.

CÓMO EMPEZAR

Eliminar el desorden puede ser una tarea muy ardua. Empieza con un proyecto pequeño de una hora de duración, como por ejemplo despejar el frigorífico/congelador en la cocina (véase p. 16), utilizando mi sistema de cinco bolsas. Reúne la mayor cantidad posible de bolsas de basura de tamaño industrial, etiquetando la primera «Tirar», la segunda «Guardar» o «Beneficencia», la tercera «Cosas para reparar», la cuarta «Cosas para seleccionar y redistribuir», y la quinta «Objetos de transición», es decir, aquellas pertenencias con las que por el momento no tengas una clara idea de lo que debes hacer con ellas. Guárdalas en un armario durante seis meses. Si las echas en falta, recupéralas. De lo contrario, regálalas o tíralas. Es posible que no tengas que utilizar todas las bolsas, aunque siempre necesitarás la de «Tirar» y «Guardar».

TAREAS ESPECIALES

Hacia el final del libro hay una sección dedicada a bloc de notas (véanse pp. 66-92) en las que puedes hacer gala de tus cualidades artísticas cuando sea necesario. Los cuestionarios evalúan la sobrecarga de desorden en la casa y el jardín, y te ayudan a identificar posibles problemas emocionales. Los planos-muestra de las habitaciones hacen un especial hincapié en cómo obstaculiza el desorden el flujo de energía. Dibuja el plano de tus habitaciones y del patio o jardín para identificar los principales espacios problemáticos.

Tras haber realizado las tareas correspondientes y de dedicar un determinado período de tiempo a ti mismo, te sentirás una persona diferente, liberada de un montón de cosas inservibles y renovado emocionalmente. Tu mundo abrirá las puertas a nuevos desafíos y redescubrirás un profundo entusiasmo por la vida que te parecía imposible alcanzar.

La suavidad de los cojines es una fuente yin inagotable. Son ideales para el dormitorio y la sala de estar.

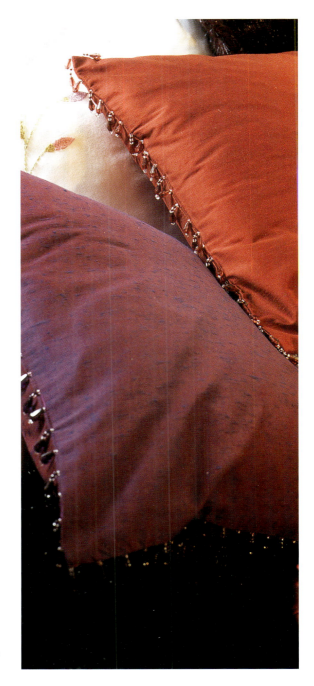

El Recibidor

PASO 1 CÓMO EMPEZAR

Cumplimenta el cuestionario de las páginas 68-69 para evaluar el problema de desorden en tu casa. Haz todo cuanto puedas, pero no te quedes nunca con la sensación de no haber hecho suficiente. Localiza los peores montones de objetos y responde a las preguntas siguientes:

● ¿Puedo abrir la puerta de la casa con facilidad?

● ¿Hay montones de zapatos y prendas de vestir apilados en el suelo y colgando de los percheros?

● ¿Hay siempre montones de revistas y periódicos viejos?

Acomete el peor de los casos en cada área.

PASO 2 CREAR UNA ATMÓSFERA SUGERENTE

Piensa en cómo te sientes al entrar en casa. ¿A disgusto? ¿Irritado tal vez? ¿Hay montañas de cosas obstruyendo la entrada? (consulta tus respuestas al cuestionario). La entrada y el recibidor dan la bienvenida a la gente a tu casa, de manera que deberían ser vibrantes y atractivos.

Si la energía chi no puede penetrar fácilmente, se ralentiza, creando una atmósfera tensa. ¿No estarás impidiendo subliminalmente las visitas? Escribe el aspecto que desearías que tuviera el recibidor

PASO 3 EL UMBRAL

¿Abunda este tipo de cosas?:

✔ Zapatos, botas.

✔ Botas de esquí.

✔ Chaquetas/ abrigos, bufandas, sombreros, gorras.

✔ Cochecitos de bebé.

✔ Paraguas (en buen estado y averiados).

✔ Cajas de almacenaje.

✔ Bicicletas, palos de golf.

✔ Maletines de trabajo/carros de la compra.

Esta área se puede convertir fácilmente en un auténtico vertedero a medida que la familia va entrando en casa y deposita ahí sus enseres cotidianos. Si no se ordena de inmediato, sus miembros se sentirán agobiados y abrumados por el desorden.

Organízate: Deshazte de los objetos rotos. Añade más percheros o armarios para guardar las prendas de calle. Instala una estantería para el calzado. Procura que el material deportivo se guarde en armarios a tal efecto o en el cobertizo. Guarda las bicicletas en el garaje o cobertizo. Ordena los enseres de trabajo o guárdalos en el despacho.

Mantenimiento: Dedica diez minutos diarios a ordenar las cosas que se hayan amontonado y considera la posibilidad de «multar» con una pequeña cantidad de dinero a los miembros de la familia que tienen el mal hábito de dejarlo todo en cualquier parte. Destina dicha cantidad a obras benéficas.

PASO 4 FOTOGRAFÍAS Y CUADROS

¿Abunda este tipo de cosas?

✔ Pósters de vacaciones o fotografías ampliadas

✔ Cuadros o fotos masculinos/femeninos.

✔ Terribles cuadros abstractos o máscaras.

✔ Obras de arte tristes o apagadas.

Analiza las fotografías y cuadros del recibidor. ¿Te siguen gustando? Nuestra energía cambia con los años, y también nuestras preferencias.

Necesitamos nuevos estímulos para representar a la persona en la que nos estamos convirtiendo. Si estás soltera y tienes las paredes atestadas de fotografías de mujeres solitarias, querrá decir que es ésta la forma en la que deseas vivir. Si los cuadros o fotos son tristes o atemorizantes, ¿qué comunicarán acerca de tu alegría por la vida? Los pósters o fotos de unas vacaciones inolvidables tienen una corta vida útil; disfrútalas durante algún tiempo y luego sustitúyelas por otras.

El recibidor debería ser un lugar sugerente y ordenado que dé la bienvenida a quienes entrar en tu casa.

Organízate: Descarta los viejos pósters y fotografías, así como también las obras de arte deprimentes; equilibra el arte masculino/femenino; cuelga cuadros de parejas felices para potenciar las relaciones. Procura que las fotos sean recientes.

Mantenimiento: Introduce pequeños cambios cada seis meses y compra nuevas obras de arte una vez al año.

PASO 5 ESPEJOS

¿Abunda este tipo de cosas?

✓ Espejos agrietados o descoloridos.

✓ Espejos que deforman la imagen.

✓ Espejos apoyados contra la pared del recibidor.

✓ Espejos mirando hacia la puerta.

En Feng Shui, los espejos son muy yang. Pueden iluminar o expandir el recibidor, pero si están en mal estado, piensa por qué estás intentando distorsionar tu visión de la vida.

Organízate: Deshazte inmediatamente de los espejos en mal estado. Envuelve y guarda los que no uses para evitar el flujo alocado de la energía. Limpia los espejos nuevos con regularidad para que reflejen correctamente la imagen. No coloques nunca un espejo orientado hacia la puerta de entrada; se escaparía la energía. No pongas dos espejos cara a cara; crearías una confusión energética.

Beneficios generales de ordenar
Un recibidor más atractivo y resplandeciente.

Beneficios emocionales de ordenar
Un impulso de energía al entrar en casa.

Mantenimiento: Examina los espejos cada seis meses por si presentaran grietas o signos de desgaste.

PASO 6 CORREO BASURA Y LLAVES

¿Abunda este tipo de cosas?

✓ Folletos publicitarios, tarjetas de crédito sin abrir o sobres de beneficencia, menús de comida rápida, tarjetas de autobús.

✓ Llaves de todas clases.

La cantidad de correo que llega diariamente a nuestra casa es asombrosa. Guardarlo en un cajón o amontonarlo detrás de la puerta crea energía estancada que no tardará en causarte malestar. Y ¿qué decir de las llaves inservibles de viejas cerraduras, casas o automóviles? ¿Por qué te empeñas en apegarte a los objetos o lugares que ya no forman parte de tu vida?

Organízate: Guarda la publicidad útil. Coloca los folletos y las tarjetas de autobús en un tablón o una carpeta. Descarta el resto del correo de obras de beneficencia que no te interesen o información relativa a la tarjeta de crédito. Ten a mano las llaves actuales y cuélgalas de ganchos.

Beneficios generales de ordenar
Entrarás en la casa sin tropezar con un montón de papel.

Beneficios emocionales de ordenar
Un recibidor ordenado equivale a una mente ordenada.

Mantenimiento: Revisa los folletos semanalmente para evitar que vuelvan a amontonarse. Cuando tengas una nueva cerradura, coche, casa o mueble que se pueda cerrar con llave, elimina las llaves viejas.

RESUMEN

¡Bien hecho! Enorgullécete de lo que has conseguido y disfruta de lo bien que te sientes. Si no has podido realizar todas las tareas que habías previsto, dedícales un tiempo extra.

Bienvenidos a casa

PASO 7 OBJETIVOS EN EL RECIBIDOR

✓ Eliminar el desorden en el umbral de la puerta.

✓ Racionalizar los cuadros y fotografías.

✓ Sustituir los espejos rotos.

✓ Eliminar el correo basura y las llaves viejas.

El recibidor es un área que siempre debe estar ordenada, ya que quienes entran se llevan una primera impresión de la casa. Si has conseguido un mínimo de dos de los objetivos anteriores, estás remodelando satisfactoriamente este espacio. Concédete un par de detalles personales de los que se citan a continuación o elígelos según tus preferencias.

Detalles después de ordenar

● Ramillete de flores aromáticas de temporada en la mesita del recibidor.

● Tablón atractivo.

● Alfombra de colores vivos que dé la bienvenida a la gente.

● Nueva obra de arte o fotografía.

● Nuevo paragüero.

● Espejo o nuevo foco para iluminar un cuadro.

PASO 8 TARJETA DE LOS DESEOS

Antes de finalizar el proceso de ordenación, coge una fotocopia de la tarjeta de los deseos de la página 96. Escribe un deseo relacionado con tu recibidor ideal o elige uno de los siguientes:

«Quiero un recibidor iluminado y aireado.»

«Quiero un recibidor con cuadros o fotos que eleven mi alma.»

«Deseo un recibidor en el que las visitas quieran entrar.»

«Me gustaría tener un recibidor que constituyera una sugerente entrada a mi santuario.»

«Quiero un recibidor con un espacio racional de almacenaje.»

UN CASO EN LA VIDA REAL

Estaba trabajando en el recibidor durante una consulta relacionada con el desorden en el apartamento de Patricia cuando abrí el cajón del correo basura en la mesita. Mientras hurgaba en aquel caos, descubrí un juego de llaves en el fondo. Al mostrárselas a Patricia, se sintió un poco incómoda al confesar que pertenecían a una casa que había sido de su propiedad hacía cinco años. Me contó que le había resultado difícil adaptarse a su nueva casa y que las llaves eran una forma de seguir en contacto con la anterior. Le aconsejé que las tirara, y transcurridas algunas semanas me llamó por teléfono para decirme que se sentía mucho más segura de sí misma.

La Cocina

**CREAR UN ESPACIO «NUTRITIVO»:
5½ HORAS**

**Paso 9 – Responder al cuestionario
(véanse pp. 68-69) y examinar la cocina**

**Paso 10 – Reducir la cantidad de condimentos,
salsas y especias**

**Paso 11 – Localizar electrodomésticos que no
se usan**

**Paso 12 – Examinar el contenido del
frigorífico/congelador**

**Paso 13 – Buscar loza en mal estado en los
armarios**

**Paso 14 – Seleccionar la basura y las bolsas de
plástico que no se usan**

Pasos 15 y 16 – Reafirmación para el éxito

PASO 9 CREAR UN AMBIENTE ADECUADO PARA UNA ALIMENTACIÓN SANA

Observa la cocina ¿Qué sensaciones te transmite y cuál es tu primera impresión? ¿Es todo lo «saludable» y acogedora que debería ser (consulta tus respuestas al cuestionario) o hay alguna zona muy desordenada? Responde a las preguntas siguientes:

● ¿Están los armarios atestados de alimentos o condimentos que nunca utilizas?

● ¿Guardas alimentos en el frigorífico/congelador que ni siquiera sabías que tenías?

● Has encontrado electrodomésticos que no se usan escondidos en los rincones?

● ¿Están llenos los rincones de la cocina de viejas bolsas de plástico?

La cocina es un área en la que se prepara la comida y en ocasiones también se come. Es el «corazón» de la casa y necesita una atmósfera cálida y agradable para propiciar las reuniones familiares y con los amigos. Si te sientes deprimido cada vez que entras en esta habitación, piensa por qué la tienes tal y como está. ¿Tienes miedo de invitar a que otros compartan un almuerzo o una cena contigo? Escribe cómo debería ser tu cocina ideal.

PASO 10 CONDIMENTOS, SALSAS Y ESPECIAS

¿Abunda este tipo de cosas?

✓ Aceites rancios.

✓ Vinagres rancios.

✓ Especias y condimentos rancios.

✓ Salsas que han perdido su frescura.

✓ Ingredientes culinarios rancios.

Por desgracia, puede ser muy fácil tener los armarios llenos de ingredientes que sólo se utilizan una o dos veces para cocinar un plato especial y que luego apenas se usan. Si están herméticamente cerrados en su envase correspondiente, es muy probable que los del fondo hayan caducado sin que te hayas dado cuenta. Las especias, sin ir más lejos, suelen perder su acritud rápidamente. Examínalos con frecuencia. Asimismo, si los trasvasas a tarros de almacenaje,

anota la fecha de caducidad. Demasiadas salsas y condimentos añejos en esta área reducen la energía y simbolizan la pérdida del gozo de vivir. Así pues, dedica el tiempo necesario a la planificación de una limpieza a fondo antes de sufrir los perniciosos efectos de unos niveles negativos de energía.

Organízate: En primer lugar, vacía los armarios y selecciona sistemáticamente todo su contenido, tirando lo que haya caducado. Deshazte de las especias rancias o que hayan perdido su acritud. Elimina la harina vieja o las pasas de Corinto resecas. Ordénalo todo, colocando las especias en estantes detrás de la puerta, y las salsas y condimentos en secciones separadas para encontrarles con facilidad.

Beneficios generales de ordenar
Armarios bien ordenados con ingredientes fáciles de encontrar.

Beneficios emocionales de ordenar
Impulso energético después de haber eliminado los productos añejos.

Mantenimiento: Examina los armarios cada tres meses y tira de inmediato cualquier producto rancio o caducado.

La cocina tiene que «nutrirte». Mantén las encimeras y el pavimento sin obstáculos, y los armarios repletos de productos sanos y frescos.

PASO 11
ELECTRODOMÉSTICOS INFRAUTILIZADOS

¿Abunda este tipo de cosas?

✓ Regalos que no te gustan en el fondo de los armarios.

✓ Equipo averiado.

✓ Compras de oferta especial, tales como parrillas para elaborar gofres o licuadoras que ni siquiera recuerdas que están ahí.

Los imponentes electrodomésticos situados en la encimera recogen el polvo, y si se guardan en el fondo de un armario están ocupando un espacio precioso de almacenaje. Por otro lado, el equipo que no utilizas o que no funciona ni reparándolo no hace sino empeorar las cosas y mermar la productividad en esta área superpositiva de la casa. Deshazte de él y deja espacio para las piezas útiles.

Organízate: Vende las licuadoras u horneadores de pan, o regálalos a un amigo que los necesite. En lo que concierne al equipo averiado, repáralo o tíralo.

Beneficios generales de ordenar
Encimeras despejadas y armarios mejor organizados.

Beneficios emocionales de ordenar
Alivio al disponer única y exclusivamente de los electrodomésticos que te gustan y funcionan.

Mantenimiento: Repara inmediatamente el equipo que ha dejado de funcionar o nunca lo harás. Examínalo cada tres o seis meses.

PASO 12
FRIGORÍFICO/CONGELADOR

¿Abunda este tipo de cosas?

✓ Carne, pescado o verduras congeladas que ya han caducado.

✓ Bolsas misteriosas de alimentos cocinados en casa y congelados.

✓ Recipientes vacíos de condimentos.

✓ Productos lácteos caducados.

✓ Verduras marchitas.

El frigorífico/congelador representa la salud y riqueza de la familia, de manera que siempre debería estar lleno de productos frescos y nutritivos. Los alimentos podridos, olvidados o caducados significan una falta de preocupación por el bienestar de tu familia. Retíralos de inmediato y llena el frigorífico/congelador con productos recién comprados.

Organízate: Ataca el frigorífico en primer lugar, consume las sobras dentro de los dos días siguientes, elimina los alimentos enmohecidos o las salsas sospechosas y luego límpialo. Retira la carne, pollo o verduras caducados del congelador, envuélvelos bien y tíralos. Revisa las bolsas de plástico para averiguar qué contienen.

Beneficios generales de ordenar
Un frigorífico/congelador limpio y sin bacterias.

Beneficios emocionales de ordenar
Sensación de que se está salvaguardando la salud familiar.

Mantenimiento: Revisa semanalmente el frigorífico/congelador y realiza una investigación a fondo cada dos meses.

Rodéate de verduras frescas para fomentar la salud en la familia.

PASO 13 LOZA ROTA Y DAÑADA

¿Abunda este tipo de cosas?

✓ Desconches y grietas en platos, cuencos
o tazas.

✓ Piezas que no hacen juego.

✓ Asas rotas o perdidas en las teteras
y jarras.

Si la vajilla que usas a diario para todas
las comidas está dañada, estás
deteriorando la energía positiva del
área de cocina y no cuidas de ti
mismo ni de tu familia. Asimismo, las
piezas desconchadas también pueden ser antihigiénicas
y propiciar la presencia de bacterias. Sustitúyelas por
una loza atractiva y moderna.

Organízate: Examina la vajilla con cuidado; las grietas
más finas suelen pasar desapercibidas. Tira las piezas
que no hagan juego, desconchadas o muy
deterioradas, pegando con cola invisible las que se
puedan salvar.

Beneficios generales de ordenar

Dispondrás de una
vajilla de la que te
sientas orgulloso.

Beneficios emocionales de ordenar

No te sacarán de quicio
las piezas en mal estado al
poner la mesa.

Mantenimiento: Cada vez que
aparezca un desconchado, tira la pieza.
Revisa la vajilla cada tres meses.

**Compra nuevas piezas de vajilla modernas con
regularidad para sustituir las dañadas.**

PASO 14 CUBO DE LA BASURA Y BOLSAS QUE NO SE USAN

¿Abunda este tipo de cosas?

✓ Basura que sobresale del cubo (latas, pescado y huesos de pollo, peladuras de verduras, bricks de leche, etc.).

✓ Malos olores.

✓ Botellas, periódicos y envases de plástico alrededor del cubo.

✓ Un montón de bolsas de plástico en los armarios.

¿Qué dicen de ti los desperdicios domésticos? Todo cuanto ha sido usado, residuos, materia en descomposición o recipientes vacíos contiene energía letal. No hay nada de positivo en un cubo de la basura lleno a rebosar; constituye un espacio oscuro en tu vívida y soleada cocina, y debes controlarlo. Las bolsas de plástico siempre tienen un uso, ¿no es cierto? Pero si las guardas a cientos, ¿serás capaz de utilizarlas todas?

Organízate: No llenes el cubo de la basura hasta el borde. Envuelve en papel de periódico los restos de comida y mete los periódicos y las botellas de plástico y de cristal en su bolsa de reciclado correspondiente. Reutiliza unas cuantas bolsas de plástico para forrar el interior de los pequeños cubos a pedal y deshazte de las restantes. Guarda unas cuantas para reutilizar.

Beneficios generales de ordenar

Cocina más ordenada y fragante.

Beneficios emocionales de ordenar

No se te encogerá el corazón al aproximarte al área de la basura.

Mantenimiento: Vacía el cubo a diario o cada dos días. Guarda sólo unas cuantas bolsas de plástico.

RESUMEN

No sobreestimes lo que puedes hacer. Date por satisfecho con lo que has logrado y disfruta del nuevo aspecto acogedor de tu cocina.

Es importante actualizar todo el equipo de cocina con regularidad para potenciar la energía.

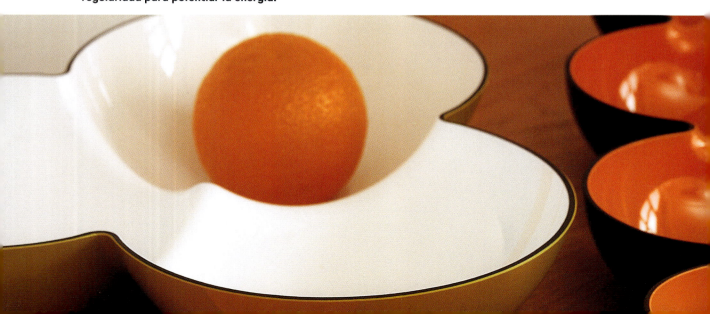

Santuario aromático

PASO 15 OBJETIVOS EN LA COCINA

✓ Ordenar y limpiar el frigorífico/congelador.

✓ Ordenar los armarios de almacenaje.

✓ Reorganizar la vajilla.

✓ Descartar las bolsas de plástico y racionalizar la basura.

✓ Eliminar los electrodomésticos que no usas.

Si no has conseguido llegar tan lejos en tu tarea de ordenar de lo que sería deseable, pero por lo menos has conseguido un par de los objetivos anteriores, concédete algunos detalles para que el área de cocina resulte más inspiradora. Compra algunas cosas de la lista siguiente o elígelas a tu gusto, pero tómate todo el tiempo necesario para seleccionar lo que realmente te satisface.

Detalles después de ordenar

● Jarras nuevas.

● Frutero con adornos (si lo tienes siempre lleno de fruta simbolizará abundancia).

● Cafetera y café fresco para despertar tus sentidos.

● Tarros de hierbas frescas y aromáticas en el alféizar de la ventana.

● Tarros de almacenaje para llenar de judías secas, arroz, harina y otros ingredientes. Representan una familia sana.

● Manteles y posavasos atractivos para las cenas especiales.

PASO 16 TARJETA DE LOS DESEOS

Antes de finalizar el proceso de ordenación, coge una fotocopia de la tarjeta de los deseos de la página 96. Escribe un deseo relacionado con tu cocina ideal o elige uno de los siguientes:

«Me encanta una cocina aseada y ordenada.»

«Quiero una cocina en la que se pueda reunir toda la familia.»

«Deseo una cocina en la que me guste cocinar.»

«Mi cocina perfecta siempre huele bien.»

«Quiero una cocina llena de productos sanos.»

«Busco una cocina estimulante en la que pueda preparar sabrosas recetas.»

UN CASO EN LA VIDA REAL

Insatisfecha con todos los electrodomésticos averiados, Sarah decidió llevarlos a un puesto de venta ambulante junto con otras pertenencias que no le gustaban. Los electrodomésticos se vendieron enseguida al precio deseado, y con el dinero recaudado Sarah compró una licuadora que llevaba esperando desde hacía ya algunos meses.

La Sala de Estar

PASO 17 CREAR UN ESPACIO PARA LA SOCIABILIDAD

Observa la sala de estar. ¿Te asombra el desorden que la preside? (consulta tus respuestas al cuestionario).

● ¿Hay fotografías por doquier?

● ¿Hay libros, revistas, CD y casetes esparcidos por todas partes?

● Está sobrecargada de ornamentos y objetos decorativos, así como de piezas rotas o heredadas?

La sala de estar es un área dedicada al relax y el entretenimiento, y por lo tanto, la atmósfera debe ser revitalizante y convivencial. Piensa por qué te empeñas en que sea poco sugerente: ¿acaso pretendes disuadir a tus amigos? Describe por escrito cómo sería la sala de estar de tus sueños.

PASO 18 FOTOGRAFÍAS Y ÁLBUMES

¿Abunda este tipo de cosas?

✔ Fotos desenfocadas.

✔ Fotografías de personas de las que te has olvidado o a las que ya no ves.

✔ Demasiadas fotos de tus ex parejas.

Deshacerte de tu colección de fotografías puede ser duro; no en balde te recuerdan un sinfín de buenos momentos. Pero acumularlas y amontonarlas en un mueble, estantería, mesita, etc., te encadena excesivamente al pasado. Te conectan con la persona que fuiste en lugar de la que eres ahora, y también a gente que ha dejado de ser importante para ti.

Organízate: Tira las fotos que ya no quieras guardar (ex parejas, gente a la que ya no ves o que te disgusta). Guarda las que te gusten en álbumes, sin esparcirlas por toda la sala, y enmarca las que más te satisfagan.

Beneficios generales de ordenar
Aquellas desagradables pilas de fotos han desaparecido de estanterías y cajones.

Beneficios emocionales de ordenar
Rompes las ataduras con la gente que ya no necesitas en tu vida.

Mantenimiento: Verifica cada seis meses las nuevas fotografías que hayas acumulado. Si son digitales, borra las que hayan salido mal o que no te gusten.

PASO 19 ESTANTERÍAS

¿Abunda este tipo de cosas?

✓ Libros de consulta obsoletos y polvorientos.

✓ Colecciones de clásicos que no has leído desde hace años.

✓ Viejas guías de viaje.

Aunque pueda parecer prestigioso tener una nutrida colección de libros, si nunca los has leído, o simplemente hojeado alguna que otra vez, te has visto obligado a aceptarlos como regalo de algún pariente o sólo sirven para llenarse de polvo, también te atan al pasado y a los viejos ideales. Necesitas liberar espacio para sustituirlos por otros nuevos y estimulantes.

Organízate: Revisa tus libros estante por estante, vende las novelas o clásicos que no te gusten a un centro de beneficencia, hospital o biblioteca y elimina las obras de consulta desfasadas o las guías y libros de viajes.

Procura que la sala de estar esté ordenada y decórala con plantas y flores para crear una atmósfera agradable.

Beneficios generales de ordenar
Dejas espacios vacíos en lo que antes era una estantería atestada de libros.

Beneficios emocionales de ordenar
Sentimiento de liberación al deshacerte de libros que ya no necesitas.

Mantenimiento: Revisa cada seis meses las novelas que hayas acumulado. Haz lo mismo una vez al año con las demás categorías de libros.

PASO 20 COLECCIÓN DE MÚSICA

¿Abunda este tipo de cosas?

✔ LP que ya no escuchas.

✔ Casetes rotos.

✔ CD que no te gustan.

Tu colección de música debería estar compuesta de álbumes que realmente te satisfacen y que escuchas con regularidad. Con los años va cambiando la energía corporal y otro tanto sucede con los gustos musicales. Puedes guardar algunos de tus grandes éxitos favoritos de décadas atrás, pero prepárate para desembarazarte de sentimentalismos a la hora de descartar una infinidad de viejos estilos musicales.

Organízate: Si ya no necesitas un tocadiscos, véndelo o regala tu colección de LP y sustituye tus álbumes favoritos por una versión en CD. Examina detenidamente, y elimina, los casetes rotos o en pésimo estado. Regala a tus amigos, familia o centros de beneficencia los CD que ya no escuches. Compra un nuevo kit porta-CD y ordena alfabéticamente o por categorías los álbumes que te gusten.

Beneficios generales de ordenar

Encontrarás todos los álbumes que quieres escuchar y la sala de estar estará ordenada.

Beneficios emocionales de ordenar

Tras un período inicial de una cierta nostalgia, te satisfará disponer sólo de la música que realmente te gusta y deseas escuchar.

Mantenimiento: Revisa la colección una vez al año. Si compras álbumes con regularidad, evalúa cada seis meses la conveniencia de conservarlos.

PASO 21 REVISTEROS

¿Abunda este tipo de cosas?

✔ Viejos folletos de vacaciones.

✔ Revistas o periódicos locales de hace varios meses.

✔ Periódicos de tirada diaria de más de una semana.

✔ Revistas mensuales de hace un año.

✔ Cualquier clase de catálogos desfasados.

Un revistero atestado de publicaciones te deprimirá cada vez que lo veas, creando un «agujero negro» de energía en la sala de estar. ¿Te empeñas en apegarte a los viejos catálogos de la moda pasada, a los viejos diseños, a los folletos de vacaciones de temporada o a los periódicos? En tal caso piensa por qué sientes la necesidad de mantener un vínculo con las noticias pasadas, viajes o eventos que han quedado atrás. ¿Te asusta vivir en el presente?

Organízate: Guarda única y exclusivamente los folletos actuales de vacaciones. Archiva los artículos interesantes de revistas o periódicos. Guarda los catálogos actualizados y deshazte de los restantes. Selecciona todo cuanto se pueda reciclar.

Beneficios generales de ordenar

Revistero lleno de material de lectura actualizado que te estimula.

Beneficios emocionales de ordenar

Desaparecerá esa desagradable vocecita interior que recuerda la necesidad de ordenar esta área.

Mantenimiento: Revisa el revistero cada mes y tira el material sin interés.

PASO 22 MOBILIARIO EN MAL ESTADO

¿Abunda este tipo de cosas?

✓ Mesas con arañazos.

✓ Sofás con la tapicería desgastada.

✓ Sillas de comedor desvencijadas.

✓ Cojines con la cremallera rota.

Si el mobiliario tiene un aspecto descuidado, ¿qué dirá de ti y de tu estilo de vida? Los objetos dañados obstaculizan el flujo general de energía en la casa. Repáralo o tíralo.

Organízate: Masilla los arañazos y rebarniza las mesas, o recurre a un profesional. Cubre con un drapeado la tapicería en mal estado. Reencola o clavetea las sillas inestables o sustitúyelas por otras nuevas. Elimina las fundas de cojín con desgarros y compra otras de atractivos colores.

Beneficios generales de ordenar

Los muebles reparados y los ornamentos renovados añaden una nuevas vibraciones a la sala de estar.

Beneficios emocionales de ordenar

Desaparecen los sinsabores derivados de tener muebles dañados y te sientes más seguro de ti mismo.

Mantenimiento:

Examina regularmente el mobiliario y los accesorios, verificándolo detenidamente cada tres meses.

Rodéate de un mobiliario en perfectas condiciones.

PASO 23 DECORACIÓN

¿Abunda este tipo de cosas?

✔ Regalos de tus amigos y tu pareja actual que no te gustan.

✔ Recuerdos de vacaciones que ya no te atraen.

✔ Regalos de tus parejas anteriores.

Los ornamentos y objetos decorativos pueden ocupar un lugar prominente en la sala de estar. De ahí que tengan que emitir vibraciones positivas y benéficas. No te aferres a la idea de que «tengo que conservarlo porque es un obsequio de un pariente». Sólo debes guardar las piezas que te gusten. Si alguna te afecta emocionalmente cada vez que la ves, deshazte de ella.

Organízate: Examina todos los adornos con ojo crítico y retira todo lo que no te guste. Despréndete de cualquier objeto que te provoque emociones negativas relacionadas con la persona que te lo dio. Y también de recuerdos de vacaciones que hayan perdido su atractivo para ti.

Beneficios generales de ordenar
Espacio libre en los estantes o repisa de la chimenea.

Beneficios emocionales de ordenar
Ahora estás rodeado de pertenencias que realmente te satisfacen.

Mantenimiento: Revisa los objetos decorativos cada seis meses, y recolócalos con regularidad para desplazar la energía positiva.

PASO 24 OBJETOS HEREDADOS

¿Abunda este tipo de cosas?

✔ Colecciones de cerámica.

✔ Muebles oscuros y deprimentes.

✔ Cuadros.

✔ Relojes.

✔ Medallas y recuerdos de guerra.

✔ Chucherías de los parientes.

La emoción con la que solemos valorar las pertenencias heredadas es extraordinaria; tenemos la sensación de que esa persona continúa viviendo en ellas. No obstante, conservar objetos de los seres queridos difuntos puede crear un mausoleo de cosas variopintas. Aunque sea duro aceptarlo, las piezas heredadas que no tengan un lugar en la decoración de la casa se deben retirar. Recuerda que expresan las energías de quien las poseía, no las tuyas.

Organízate: Guarda sólo lo que te guste. De este modo recordarás siempre a esa persona. Pero deshazte de los recuerdos intrascendentes. Vende colecciones, relojes y muebles. Realiza un *collage* de recuerdos con tus fotos favoritas y tira las demás. Enmarca una o dos medallas y vende las restantes a un comercio especializado en enseres militares.

Beneficios generales de ordenar
La sala de estar recupera tu propio estilo.

Beneficios emocionales de ordenar
Sentimiento maravilloso al haber roto las ataduras con el pasado.

Mantenimiento: Revisa inmediatamente las cosas que heredes.

RESUMEN

Date una palmadita en la espalda: tu sala de estar es irreconocible tras haberla ordenado.

Entorno sociable

PASO 25 OBJETIVOS EN LA SALA DE ESTAR

✓ Seleccionar las fotos.

✓ Reducir la colección de libros.

✓ Eliminar la música que no te gusta.

✓ Tirar las revistas y periódicos viejos.

✓ Renovar el mobiliario y los ornamentos.

✓ Seleccionar las pertenencias heredadas.

✓ Renunciar a algunos objetos decorativos.

¿Cuántas tareas has realizado? Si has conseguido cumplir un mínimo de cuatro (lo ideal sería cinco) de los objetivos anteriores, quiere decir que el proceso de ordenación va viento en popa y que necesitarás algún que otro detalle para rematar el trabajo. Elígelo entre los que se incluyen a continuación o selecciónalo a tu gusto.

Detalles después de ordenar

● Marco de fotografía metálico o de madera.

● Plantas naturales, sanas y de hojas redondeadas o flores para potenciar el crecimiento personal.

● Un poco de incienso de jazmín o pachulí para fomentar los buenos sentimientos.

● Guijarros o un ornamento de cristal o cerámica para aportar la energía de la tierra.

● Alfombra para resaltar la decoración general de la sala.

PASO 26 TARJETA DE LOS DESEOS

Antes de finalizar el proceso de ordenación coge una fotocopia de la tarjeta de los deseos de la página 96. Escribe un deseo relacionado con tu sala de estar ideal o elige uno de los siguientes:

«Quiero que mi sala de estar sea cálida y acogedora.»

«Necesito una sala de estar relajante.»

«Deseo que mi sala de estar sea minimalista.»

«Quiero crear una sala de estar llena de risas y alegría.»

«Estoy convirtiendo mi sala de estar en un espacio familiar feliz y placentero.»

«Sueño con una sala de estar llena de amigos y familiares en perfecta convivencia.»

UN CASO EN LA VIDA REAL

Peter, escritor, se sentía muy satisfecho de su colección de libros, pero había demasiados y sobrecargaban la sala de estar. Aun mostrándose reacio a deshacerse de algunas de sus viejas novelas, acabó reconociendo la necesidad de crear espacio para nueva literatura y se desprendió de ellas. Algunas semanas más tarde recibía la llamada de una editorial ofreciéndole un contrato para que escribiera una nueva novela. Había abierto la puerta a nuevas oportunidades.

El Dormitorio

PASO 27 CREAR UN ENTORNO PARA UN SUEÑO REPARADOR

Observa tu dormitorio. ¿No te deprime tanto desorden? (consulta tus respuestas al cuestionario).

● ¿Hay cajas rebosantes de ropa y una infinidad de cosas sobre los armarios?

● ¿El espacio debajo de la cama constituye un escondrijo secreto para ocultar objetos rotos o que no te gustan, o incluso prendas de vestir que no utilizas?

● ¿Te resulta difícil encontrar tu perfume favorito porque siempre está escondido debajo de un montón de cosas?

El dormitorio es tu espacio de descanso y por lo tanto requiere una atmósfera tranquila y acogedora para fomentar un sueño placentero. Reflexiona un poco: ¿el desorden reinante refleja de algún modo la confusión que preside tu vida? Expresa por escrito cómo sería tu dormitorio ideal.

PASO 28 LA CESTA DE LA COLADA

¿Abunda este tipo de cosas?

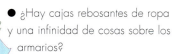

✓ La ropa rebosa de la cesta.

✓ Objetos inservibles.

✓ Montones de prendas de vestir esparcidas por el suelo.

Una cesta de la colada llena hasta el borde genera energía estancada en el dormitorio, obstaculizando el flujo energético. La ropa capta las vibraciones negativas de un día de trabajo normal (estrés en los desplazamientos, problemas en la oficina y disgustos con los niños). Si no reduces semejante desorden, tu estado de ánimo puede resultar seriamente afectado.

Organízate: Empieza trasladando la cesta de la colada al cuarto de baño o a la galería y cuelga la ropa cada noche; aunque llegues tarde a casa, no dejes las prendas de vestir en cualquier silla o en el suelo.

Beneficios generales de ordenar
La habitación y el pavimento tienen un aspecto más aseado y es más fácil pasar la aspiradora.

Beneficios emocionales de ordenar
Tu estado de ánimo experimenta un cambio positivo al perder de vista montones de ropa apilada aquí y allá.

Mantenimiento: Lava las prendas de vestir cada dos días para evitar que se acumulen.

PASO 29 LA CAMA

¿Abunda este tipo de cosas?

✓ Equipo roto, ropa sucia, zapatos viejos, miscelánea debajo de la cama.

✓ Colchón viejo.

✓ Ropa de cama y fundas nórdicas viejas.

La cama almacena la energía de quien duerme en ella. Si has iniciado una nueva relación pero continúas durmiendo en la cama que compartiste con otra pareja durante mucho tiempo, no has roto el vínculo con esa persona. El desorden debajo de la cama puede perturbar el sueño o deteriorar tu vida sexual.

Organízate: Compra un nuevo colchón o una nueva cama, o por lo menos, sábanas nuevas. Despeja el área debajo de la cama, tira lo que ya no utilices y coloca en armarios o cajones lo que quieras guardar.

Beneficios generales de ordenar

Dispondrás de una cama o colchón nuevo y firme en el que dormir o de ropa de sábana nueva y atractiva.

Beneficios emocionales de ordenar

Una nueva cama o juego de sábanas y fundas de almohada significa un nuevo comienzo. Dormirás mejor con tu nueva pareja.

Mantenimiento: Introduce cualquiera de los cambios anteriores al finalizar una relación que haya durado un período considerable de tiempo.

PASO 30 PRENDAS DE VESTIR

¿Abunda este tipo de cosas?

✓ Ropa que no te pones desde hace un año.

✓ Prendas pasadas de moda o alérgicas.

✓ Pantalones/chaquetas/camisas demasiado justas o pasadas de moda.

Renueva la ropa de cama con regularidad, sobre todo cuando des por finalizada una relación sentimental.

✓ Camisetas pasadas de moda o excesivamente desgastadas.

✓ Trajes que ya no usas.

✓ Abrigos/ropa de calle en mal estado.

✓ Prendas de vestir desgarradas/cremalleras rotas.

La mayoría de nosotros sólo utilizamos el 20% de la ropa que tenemos en casa. ¿Por qué te apegas a cosas que no te quedan bien? Aferrarse a las cosas viejas te mantiene atado al pasado. No tengas piedad: extiéndelo todo sobre la cama y pide la colaboración de un amigo para que actúe a modo de árbitro a la hora de decidir lo que te sienta bien y lo que no.

Organízate: Elimina la ropa vieja, muy usada o que no te gusta. Repara las prendas dañadas. Compra perchas. Guarda los jerséis y camisetas en bolsas de plástico transparentes. Coloca la ropa de trabajo en la parte delantera del armario y las prendas casuales al fondo. Cuelga las bolsas de grandes ganchos.

Beneficios generales de ordenar

Todo cabe en el armario ropero.

Beneficios emocionales de ordenar

Mejoras tu aspecto y das un fuerte impulso a tu autoestima.

Mantenimiento: Revisa el dormitorio cada temporada, y cuando compres algo nuevo, deshazte de algo viejo.

PASO 31 EL CALZADO

¿Abunda este tipo de cosas?

✓ Calzado con los tacones rotos.

✓ Estilos pasados de moda.

✓ Zapatos incómodos.

✓ Compras impulsivas que jamás has utilizado.

El calzado nos mantiene permanentemente arraigados a la vida. Así pues, debe ser cómodo, robusto y confortable para que nos sintamos bien con nosotros mismos. Si tu armario está lleno de zapatos rotos, «torturantes» o de estilos pasados de moda y que están seminuevos, influirán negativamente en tu bienestar general.

Organízate: Saca todo tu calzado, pruébatelo y descarta el que no te sirva. Regala a tus amigos el que esté en buen estado o cuyo estilo no te satisfaga. Guarda los pares restantes en un mueble zapatero.

Beneficios generales de ordenar
¡Por fin puedes ver el fondo del armario!

Beneficios emocionales de ordenar
Te sientes satisfecho llevando lo que te gusta.

Mantenimiento: Revisa el calzado cada temporada y elimina algunos zapatos viejos cada vez que compres un par nuevo.

PASO 32 COSMÉTICOS

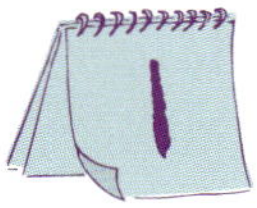

¿Abunda este tipo de cosas?

✓ Barras de labios y perfiladores de ojos muy usados, brochas apelmazadas o en mal estado.

✓ Bases de maquillaje secas o con grumos, cremas hidratantes, barras de brillo labial, mascarillas, esmalte de uñas.

✓ Sombras de ojos o coloretes en tonos pasados de moda.

Tu maquillaje embellece la persona que eres en la actualidad, no la que eras años atrás. Debe ser de tu agrado, estar al día y complementar tus prendas de vestir.

Organízate: Tira el maquillaje pasado y apelmazado, y también las brochas. Elimina las sombras de ojos de la temporada anterior. Guarda sólo los productos que utilices con frecuencia. Limpia la bolsa del maquillaje o guárdalo en recipientes de plástico transparentes.

Beneficios generales de ordenar
Encontrarás fácilmente tu barra de labios o perfilador favorito.

Beneficios emocionales de ordenar
Tendrás un aspecto radiante y te sentirás bien.

Mantenimiento: Revisa los productos cosméticos cada tres meses.

RESUMEN

Tómate un respiro: has adelantado muchísimo. Ahora, tu dormitorio empieza a tener un aspecto mucho más sugerente y apropiado para dormir apaciblemente.

Un sueño reparador

PASO 33 OBJETIVOS EN EL DORMITORIO

✓ Revisar la cesta de la colada.

✓ Revisar la cama.

✓ Reorganizar las prendas de vestir y el calzado.

✓ Seleccionar los cosméticos.

Si has decidido crear un dormitorio minimalista y has conseguido cumplir como mínimo dos de los objetivos anteriores, lo estás haciendo muy bien. Concédete un par de detalles personales de los que se citan a continuación o elígelos según tus preferencias, pero recuerda que las plantas y elementos de agua no son apropiados para el dormitorio (en Feng Shui son formidables energéticos; en este espacio necesitas tranquilidad).

Detalles después de ordenar

● Velón con aroma a lavanda.

● Cuadro inspirador para colgar frente a la cama.

● Cristal de cuarzo rosa en la mesita de noche.

● Cojines de un material táctil (terciopelo, satén, etc.).

● Quemador de aceite y un poco de aceite esencial de ylang-ylang o rosa.

● «Caza-sueños» colgado sobre la cama para proteger tus sueños.

Por razones de seguridad, si has elegido el velón o el quemador de aceite, apaga siempre la llama antes de dormir.

PASO 34 TARJETA DE LOS DESEOS

Antes de finalizar el proceso de ordenación, coge una fotocopia de la tarjeta de los deseos de la página 96. Escribe un deseo relacionado con tu dormitorio ideal o elige uno de los siguientes:

«Necesito un dormitorio confortable y protector.»

«Me encantaría disfrutar de un sueño reparador en mi dormitorio.»

«Deseo que reine la paz y tranquilidad en mi dormitorio.»

«Mi dormitorio debería ser sensual y sugerente.»

«Quiero un dormitorio seductor y apasionado.»

UN CASO EN LA VIDA REAL

Susan llevaba durmiendo mal desde hacía algunas semanas y solicitó mi consejo. Al examinar su dormitorio descubrí que el área situada debajo de la cama se había convertido en un auténtico vertedero. Estaba saturado de zapatos viejos, ropa, revistas, juguetes del gato y un secador para el pelo averiado. Le dije que lo tirara todo a la basura y que pasara la aspiradora. Aquella noche cayó rendida y durmió como los ángeles, y así ha seguido desde hace ya varios meses.

El Dormitorio Infantil

PASO 35 UNA HABITACIÓN PARA EL DESCANSO Y LA CREATIVIDAD

Analiza el dormitorio de tu hijo con ojo crítico. ¿Evitas entrar en él a causa del caos reinante? (consulta tus respuestas al cuestionario).

● ¿La ropa está esparcida por doquier y se sale de los armarios?

● ¿Tropiezas constantemente con los juguetes?

● ¿Has encontrado raquetas, bates y balones muy usados que amenazan con hacer estallar el armario, o cosas increíbles debajo de la cama?

Un dormitorio infantil es una mezcla de descanso y juego. Es aquí donde el niño juega, escucha música con los amigos, hace los deberes escolares y duerme. Necesita una atmósfera extremadamente revitalizante. Si está muy desordenado, tu hijo puede parecer aletargado o dormir mal, lo que sin duda influirá negativamente en su rendimiento escolar. Escribe cómo crees que podrías transformar esta habitación.

PASO 36 CAJÓN DE LOS JUGUETES

¿Abunda este tipo de cosas?

✓ Coches, camiones y trenes de juguete rotos.

✓ Muñecas sin brazos o piernas, pelotas pinchadas, peluches rasgados, etc.

✓ Juguetes relacionados con una vieja serie de TV que ya no usa.

✓ Libros de cuentos o de pintar que no lee ni pinta, o con páginas arrancadas.

La capacidad de atención de los niños pequeños es escasa. Juegan con un juguete, pierden interés o lo rompen, y pasan a

Asegúrate de que el espacio debajo de la cama del niño esté ordenado. Resérvalo para la ropa de cama.

otra cosa. Si el cajón de juguetes está atestado de objetos que no se usan, están rotos o desmembrados en lugar de otros que les gusten, esto creará un espacio de baja energía.

Organízate: Retira todos los juguetes rotos, muy usados o que hayan perdido piezas. Regala los que estén en un estado relativamente aceptable; a otros niños tal vez les guste. Lleva los libros que no lea a hospitales o bibliotecas. Compra más cajones, si es necesario, para guardar los juguetes favoritos de tu hijo, procurando que tengan ruedecillas para que pueda extraer fácilmente los juguetes.

Beneficios generales de ordenar
Ordenar el cajón de los juguetes.

Beneficios emocionales de ordenar
Satisfacción al haber regalado juguetes para una buena causa.

Mantenimiento: Revisa el cajón cada cumpleaños, después de Navidad o Reyes.

PASO 37 PRENDAS DE VESTIR Y CALZADO

¿Abunda este tipo de cosas?

✔ Ropa esparcida por la habitación.

✔ Vestidos que han quedado estrechos, pantalones, ropa de bebé, camisetas y zapatos.

✔ Prendas que el niño se niega reiteradamente a llevar.

✔ Chaquetas y abrigos desteñidos y deshilachados.

Los niños crecen con rapidez, y si la ropa ha quedado desfasada, aunque esté casi nueva, ocupará un valioso espacio útil en el armario. Las prendas de vestir dejadas en el suelo generan energías negativas durante todo el día. Conviene colgarlas o meterlas en la cesta de la colada. La ropa que se lleva a disgusto también emite malas vibraciones en el armario.

Organízate: Coloca una cesta de la colada para la ropa sucia. Regala a los hijos de tus amigos o a una entidad benéfica la ropa que le haya quedado pequeña o que no le guste. Despréndete de las prendas desgastadas y deshilachadas. Selecciona el vestuario escolar y la ropa de los fines de semana. Instala una estantería para calzado y añade unos cuantos estantes para jerséis, camisas y camisetas.

Beneficios generales de ordenar
Armarios roperos bien organizados y un dormitorio más aseado.

Beneficios emocionales de ordenar
Te sientes feliz de que tu hijo disponga de un entorno más apropiado para jugar y dormir.

Mantenimiento: Revísalo cada seis meses, o cada tres meses si el niño está creciendo a pasos agigantados.

PASO 38 DEBAJO DE LA CAMA

¿Abunda este tipo de cosas?

✓ Pijamas, calcetines, zapatos y zapatillas que apenas se usan.

✓ Envoltorios de caramelos, restos de bocadillos o chocolatinas, latas de refrescos.

✓ Juegos que no se utilizan, puzzles a medio terminar, juguetes extraviados.

✓ Juegos de ordenados, disquetes, ceras, lápices y retales de papel.

Extraviar objetos diversos debajo de la cama es un hábito común tanto para los niños como para los adultos. Pero los niños en edad de crecimiento pueden ser más vulnerables a generar inadvertidamente esta acumulación de energía estancada que los acecha cuando están descansando. Puede provocar pesadillas e influir en su concentración en todo cuanto realizan. Conviértelo en un espacio de desorden prohibido.

Organízate: Tira la basura, lava la ropa sucia y coloca los zapatos en la estantería del calzado que tengas en casa. Guarda los juegos y puzzles en un armario, y los juguetes en un cajón. Pon los juegos de ordenados y los disquetes en rejillas de clasificación diseñadas a tal efecto, y el equipo de escritura en portalápices. Limpia bien el espacio debajo de la cama y procura que siempre esté despejado, o destina los cajones inferiores para guardar unas cuantas prendas actuales y la ropa de la cama.

Beneficios generales de ordenar
Área inmaculada debajo de la cama.

Beneficios emocionales de ordenar
Satisfacción de saber que ahora el dormitorio infantil es más propicio para el sueño.

Mantenimiento: Revisa esta área con regularidad (cada dos o tres días).

PASO 39 EQUIPO DEPORTIVO

¿Abunda este tipo de cosas?

✓ Balones de fútbol/rugby deshinchados, viejas pelotas de tenis, raquetas rotas, paletas de ping-pong en mal estado, bates y guantes de béisbol, skateboards y discos voladores que no se usan.

✓ Zapatillas deportivas en un pésimo estado de conservación.

Acumular viejos equipos de deporte equivale a mantener unido a tu hijo a actividades de las que ya no disfruta o a objetos que le han quedado pequeños. Guarda el equipo actual.

Organízate: Elimina el equipo dañado. Regala a los amigos o clubes deportivos las piezas que no le gusten. Guarda el resto en una sección especial del armario para que pueda encontrarlo con facilidad.

Beneficios generales de ordenar
Se acabaron las zonas de peligro. El equipo abandonado no se te vendrá encima al abrir el armario.

Beneficios emocionales de ordenar
Un niño satisfecho con un equipo de deporte que utiliza a menudo.

Mantenimiento: Revisa el equipo una vez al año, o cada seis meses para un fanático del deporte.

RESUMEN

Inspira profundamente. Has acometido algunos proyectos complejos, sobre todo si el dormitorio pertenece a un niño mayorcito. Si has perdido unas cuantas batallas, considera la posibilidad de convencerlo de que lo limpie y asee de otra forma.

Una «guarida» para el descanso

PASO 40 OBJETIVOS EN EL DORMITORIO INFANTIL

✓ Seleccionar el contenido del cajón de juguetes.

✓ Despejar el espacio debajo de la cama.

✓ Seleccionar y ordenar el equipo deportivo.

✓ Actualizar las prendas de vestir y el calzado.

Esta área es más difícil de ordenar, pues ejerces un menor control sobre ella. Pero si has cumplido un mínimo de dos objetivos de los citados anteriormente, te mereces comprar uno o dos detalles para que este espacio más aseado resulte más atractivo. Selecciónalo entre los siguientes o elige el que más te guste.

Detalles después de ordenar

● Bolsa de tela para la colada.

● Cajones de juguetes de plástico transparente o de llamativos colores.

● Cristal de amatista. Ponlo debajo de la cama de un niño mayorcito para equilibrar sus emociones.

● Lamparilla para la mesita de noche, para leer.

● Póster que sea del agrado de tu hijo.

● Cojín grande o puff de bolitas de poliuretano para jugar y relajarse.

PASO 41 TARJETA DE LOS DESEOS

Antes de terminar, coge una fotocopia de la tarjeta de los deseos de la página 96. Anota tu propio deseo en relación con el dormitorio infantil que has ordenado o alguna de las frases siguientes:

«Deseo que el dormitorio infantil sea un santuario de reposo.»

«Busco la paz y el orden en el dormitorio infantil.»

«Quiero que mi hijo duerma tranquilo en su habitación.»

«Deseo que mi hijo tenga un dormitorio ordenado.»

«Quiero que el dormitorio infantil rebose felicidad.»

«El dormitorio infantil gozará de una atmósfera armoniosa.»

UN CASO EN LA VIDA REAL

La hija de una de mis clientes, Alison, estaba muy apegada a sus muñecas, pero había tantas que apenas quedaba espacio para todas ellas. Tras un proceso de persuasión, aceptó colocar sus favoritas a un lado y dejar que su madre regalara las restantes a un hogar infantil. Observó un cálido brillo en sus ojos al decirle cuán felices se sentían los niños con sus nuevos juguetes.

El Cuarto de Baño

UN ESPACIO DE RELAX: 5¼ HORAS

Paso 42 – Responder al cuestionario (véanse pp. 68-69) y examinar el cuarto de baño

Paso 43 – Inspeccionar las toallas y alfombrillas

Paso 44 – Eliminar las muestras de maquillaje y perfumes

Paso 45 – Tirar los artículos de higiene de tu ex pareja

Paso 46 – Ordenar el botiquín

Paso 47 – Revisar los recuerdos de las vacaciones

Pasos 48 y 49 – Reafirmación para el éxito

PASO 42 CREAR UN ESPACIO PARA LA RECUPERACIÓN

¿Qué sensación te produce el cuarto de baño al entrar? Mira a tu alrededor y busca las áreas que estén desordenadas (consulta tus respuestas al cuestionario).

✔ ¿Hay demasiadas toallas o alfombrillas en los estantes?

✔ ¿Están los armarios repletos de fármacos caducados, montones de muestras de productos de belleza o viejos artículos de higiene personal?

✔ ¿Guardas recuerdos de las vacaciones en la repisa de la bañera y que han perdido todo su encanto?

Tu cuarto de baño puede ser un emplazamiento maravilloso en el que liberarte del estrés de la jornada. Si reina el caos, piensa por qué te empeñas en evitar que se convierta en aquel espacio de relax que tanto mereces. La energía se mueve lentamente en esta área de la casa (el agua siempre drena, generando un componente yin, o pasivo), de manera que si está desordenado el flujo energético se ralentiza aún más si cabe. Escribe cómo debería ser tu cuarto de baño ideal.

PASO 43 TOALLAS Y ALFOMBRILLAS

¿Abunda este tipo de cosas?

✔ Toallas desgastadas, deshilachadas o que han perdido su esponjosidad.

✔ Toallas que te han regalado con bordados estridentes o las iniciales de tu nombre.

✔ Alfombrillas descoloridas o en mal estado.

Las toallas deberían ser esponjosas y atractivas. Si la mayoría de ellas están en un pésimo estado, te sentirás incómodo. Por su parte, las alfombrillas te ayudan literalmente a mantener los pies en el suelo. Si están muy usadas o agujereadas, tu firmeza en la vida estará seriamente amenazada.

Organízate: Tira las toallas o alfombrillas desgastadas. Elimina las toallas que te hayan regalado y que no te gusten; tal vez puedan ser del gusto de alguno de tus amigos. Clasifica las restantes por tamaño y ordénalas colocando tus favoritas y de estilos más contemporáneos encima y las alfombrillas debajo.

Beneficios generales de ordenar
Ya no tendrás que usar toallas que rascan o que han perdido su esponjosidad.

Beneficios emocionales de ordenar
Te sentirás más «nutrido» y seguro.

Mantenimiento: Revisa las toallas y alfombrillas cada pocos meses, y renuévalas con regularidad.

Guarda los productos del cuarto de baño bien ordenados en módulos o recipientes para dejar que la energía fluya.

PASO 44 MUESTRAS DE COSMÉTICOS

¿Abunda este tipo de cosas?

✓ Minitubos de pasta de dientes.

✓ Muestras de champús, acondicionadores y cremas hidratantes.

✓ Minúsculos envases de aceites o lociones para el baño.

✓ Viales de *aftershave* o perfume.

Las muestras de productos de belleza entran en casa constantemente, alojándose de inmediato en el cuarto de baño, donde al principio resultan muy bienvenidas, ya que son gratuitas. Si te gustan las muestras, es probable que las uses en un par de semanas. De lo contrario, ocuparán espacio útil e infestarán los armarios hasta que decidas deshacerte de ellas.

Organízate: Las muestras son muy atractivas, pero sólo debes tener a mano tus favoritas para acordarte de utilizarlas. Guarda las restantes, metiéndolas en la bolsa del gimnasio o llevándolas en el bolso de higiene personal en las salidas de fin de semana.

Beneficios generales de ordenar
Más espacio para tus productos favoritos.

Beneficios emocionales de ordenar
Tienes la sensación de controlar mejor el entorno.

Mantenimiento: Guarda sólo las muestras útiles y deshazte de las demás.

PASO 45 ARTÍCULOS DE HIGIENE PERSONAL DE TU EX PAREJA

¿Abunda este tipo de cosas?

✓ Botellas de *aftershaves* y perfumes/colonias.

✓ Pasta dentífrica, cepillos.

✓ Maquinillas de afeitar de usar y tirar, espuma de afeitar.

✓ Champús y acondicionadores.

Si el cuarto de baño está lleno de productos que tu ex pareja ha dejado en casa, estás creando un santuario en su honor y te resultará más difícil olvidarla. Corta por lo sano y rompe las ataduras que te unen al pasado un día en el que te sientas enérgico y lleno de vitalidad.

Organízate: Reúne los artículos de higiene personal de tu ex pareja y tíralos a la basura. Luego limpia el baño a fondo.

Beneficios generales de ordenar
Más espacio para distribuir tus productos de uso personal.

Beneficios emocionales de ordenar
Aquella relación ya es historia. Ahora vives el presente.

Mantenimiento: Sé fuerte, comprométete a eliminar o devolver a tu ex pareja todos sus artículos de higiene una vez concluida vuestra relación.

PASO 46 FÁRMACOS CADUCADOS

¿Abunda este tipo de cosas?

✓ Esparadrapos que han perdido adherencia.

✓ Cremas corporales, aceites o lociones que ya no son eficaces.

✓ Píldoras caducadas (antibióticos, antiinflamatorios, etc.).

✓ Botellas medio llenas de jarabes.

✓ Viejos colirios oculares o solución para lentes de contacto.

El botiquín está asociado a la salud de la familia y debería estar lleno única y exclusivamente de fármacos recién recetados. Las viejas medicinas que han caducado crean una atmósfera de mala salud y pueden menoscabar las vibraciones positivas en el cuarto de baño.

Organízate: Selecciona todo cuanto haya caducado o sea inservible y tíralo. Devuelve los antibióticos a la farmacia. Deshazte de las cremas, aceites y jarabes para la tos que estén en mal estado. Replanifica tu botiquín, cajones o cestas y coloca en ellos productos similares, tales como vendajes y antisépticos.

Beneficios generales de ordenar
Es más fácil encontrar la medicina que estás buscando.

Beneficios emocionales de ordenar
Te sientes mejor cuando todos estos productos medicinales han salido de tu casa.

Mantenimiento: Tu salud es importante; no guardes fármacos a medio usar si han caducado. Revisa la fecha cada tres meses.

PASO 47 RECUERDOS DE LAS VACACIONES

¿Abunda este tipo de cosas?

✓ Caracolas, guijarros y estrellas de mar.

✓ Esponjas naturales.

✓ Pedazos de madera de balsa, plumas, etc.

¿A quién no le gusta decorar el cuarto de baño con recuerdos naturales de las vacaciones, y en especial las caracolas? Pero más que recordar los buenos tiempos, lo que realmente deseamos es conservar algo tangible. Sin embargo, las vacaciones vienen y van, y deberíamos desembarazarnos de este tipo de piezas cuando han perdido su atractivo e interés.

Organízate: Elimina los recuerdos polvorientos o podridos que tanto te molestan y sustitúyelos por otros hallazgos de las últimas vacaciones.

Beneficios generales de ordenar
Hay menos objetos que limpiar.

Beneficios emocionales de ordenar
Te liberas de viejas ataduras que te unen al pasado.

Mantenimiento: Renueva los recuerdos con regularidad. Guarda sólo lo que más te guste y reevalúa su interés después de cada viaje.

RESUMEN

Bien, después de todo no ha estado tan mal, ¿no crees? Estás en el buen camino para crear aquel cuarto de baño que tanto ansías. Dedica más tiempo a las áreas extremadamente desordenadas.

Un merecido descanso

PASO 48 OBJETIVOS EN EL CUARTO DE BAÑO

✓ Racionalizar las muestras de productos de belleza.

✓ Ser realista en relación con los recuerdos de las vacaciones.

✓ Renovar las toallas y alfombrillas.

✓ Eliminar los artículos de higiene personal de la ex pareja.

El cuarto de baño es un área muy importante para tu bienestar, pero asearlo y ordenarlo como es debido lleva tiempo. Si has cumplido un mínimo de dos objetivos de los que hemos enumerado, concédete algunos detalles para potenciar el ambiente de esta habitación en permanente evolución. Selecciónalos de la lista siguiente o elige los que más te gusten.

Detalles después de ordenar

● Aceite esencial de geranio o mejorana para crear una atmósfera de sosiego, o de lima o limón para revitalizarla (añade ocho gotas a una bañera con agua caliente).

● Toalla grande y lujosa para tu uso exclusivo.

● Varias velas alrededor de la bañera.

● Cortina de baño estampada que eleve tu espíritu y tu energía interior.

● Esponja de luffa para frotar el cuerpo.

● Helecho para potenciar la energía del cuarto de baño.

Si eliges velas, apágalas siempre después del baño.

PASO 49 TARJETA DE LOS DESEOS

Antes de finalizar el proceso de ordenación, coge una fotocopia de la tarjeta de los deseos de la página 96. Escribe un deseo relacionado con tu cuarto de baño de ensueño o elige uno de los siguientes:

«Quiero transformar mi cuarto de baño en un lugar de descanso sensual.»

«Me gustaría tener un cuarto de baño que me llenara de paz y tranquilidad.»

«Deseo un cuarto de baño lleno de esencias inspiradoras.»

«Estoy diseñando un cuarto de baño para mi perfecto solaz.»

«Considero el cuarto de baño como mi guarida segura.»

UN CASO EN LA VIDA REAL

Jane, una amiga mía, trajo una colección de hermosas caracolas para decorar el cuarto de baño. Aunque siempre tiraba algunas antes de añadir otras nuevas, dedicaba más tiempo a limpiarlas que a asear el baño. Cuando me pidió ayuda, le sugerí confeccionar un collage con sus caracolas favoritas y enmarcarlo, eliminando todas las demás: una solución perfecta para su dilema.

El Desván

PASO 50 CREAR UN ESPACIO ÚTIL

Respira profundamente y sube al desván. ¿Te ha resultado difícil abrir la puerta y cruzar el umbral, o está obturada con un montón de cajas de enigmático contenido? (consulta tus respuestas al cuestionario).

● ¿Hay bolsas rebosantes de adornos festivos y cajas polvorientas de viejos recuerdos de anteriores relaciones sentimentales?

● ¿Tropiezas con cajas de recuerdos escolares?

● ¿Están totalmente desordenados los estantes en los que guardas tu equipo de vacaciones y de deporte?

El desván es un lugar ideal para guardar las pertenencias que apenas se usan, pero si está tan lleno de cosas dispares que te complican el acceso, lo estás convirtiendo en un agujero negro en el se acumula la energía lenta y pegajosa que cuelga literalmente sobre tu hogar. Piensa por qué sientes la necesidad de mantener tus vínculos con el pasado. Escribe cómo sería este lugar si estuviera ordenado.

PASO 51 MATERIALES DE PINTURA

¿Abunda este tipo de cosas?

✓ Botes de pintura y de barniz resecos.

✓ Pinceles y brochas apelmazados.

✓ Viejas botellas de aguarrás y trapos sucios.

✓ Muestras de pintura y viejas plantillas.

✓ Cubetas de pintor y rodillos rotos.

Quien más quien menos se siente orgulloso de haber decorado la casa, pero esto no significa que haya que guardar todos los botes de pintura. En realidad, la moda en las tonalidades cambia con los años. Por otro lado, la pintura cambia de color o se seca, y al igual que nuestra energía experimenta modificaciones con el paso del tiempo, también cambian nuestro gustos en el color. Tu matiz favorito hace cinco años puede ser muy diferente en la actualidad.

Organízate: Tira los botes de pintura y de barniz que se hayan secado (ponte en contacto con el departamento de sanidad de tu localidad e infórmate de las normativas vigentes en materia de vertidos de residuos peligrosos). Guarda un poco de pintura fresca para reparar los desconchados y grietas en las paredes. Deshazte de las brochas apelmazadas y de los rodillos de usar y tirar (conserva el mango), objetos rotos, trapos, líquidos y plantillas de estarcido. Agrupa la pintura ordenadamente y coloca los pinceles en tarros para tenerlos siempre a mano.

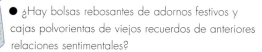

Mantenimiento: Revisa el material de pintura cada vez que decores otra habitación.

PASO 52 RECUERDOS ESCOLARES

¿Abunda este tipo de cosas?

✓ Libretas de ejercicios y libros escolares.

✓ Emblemas, medallas, bufandas y gorras.

✓ Trofeos, diplomas y títulos.

✓ Proyectos y ensayos escolares.

✓ Informes y expedientes del instituto.

Acumular cajas de material de la escuela y el instituto te mantiene encadenado a la infancia. ¿Crees que debes justificar lo que has conseguido o acaso eras más feliz en aquel entonces? Nunca olvidarás aquellos tiempos, pero lo cierto es que ahora eres una persona diferente. Vive pues el presente.

Organízate: Tira o recicla los libros, ensayos y proyectos. Deshazte de los trofeos olvidados hace ya mucho tiempo. Enmarca y exhibe los diplomas y títulos. Guarda unos cuantos recuerdos en una caja, con algunas insignias y otros objetos para las generaciones futuras.

Beneficios generales de ordenar
Desván limpio y ordenado.

Beneficios emocionales de ordenar
Cortar las ataduras con aquella persona que fuiste y congratularte de ser como eres ahora.

Mantenimiento: Corta por lo sano y elimina de raíz todo el desorden, pero deja que tus hijos elijan algunas cosas que les gustaría guardar.

PASO 53 RECUERDOS DE RELACIONES SENTIMENTALES

¿Abunda este tipo de cosas?

✓ Cartas de amor amarillentas.

✓ Flores secas o prensadas.

✓ Fotos de viejos novios o novias.

✓ Regalos, postales y viejas piezas de joyería.

✓ Libros de poemas de amor y peluches.

Ésta es un área muy emotiva, pues todos recordamos nuestro primer amor o una pareja especial. Pero acumular demasiadas cosas de tus relaciones anteriores te impide liberarte de ellas o de disfrutar plenamente de tu relación actual. También puede impedir que encuentres un nuevo amor.

Organízate: Relee las cartas de amor, guarda algunas especiales y tira las restantes. Guarda unas cuantas fotos, postales o cartas en una caja de los «tesoros», en un lugar accesible para cuando te sientas sentimental.

Beneficios generales de ordenar
Espacio adicional en el desván.

Beneficios emocionales de ordenar
Dejas atrás tus relaciones anteriores.

Mantenimiento: Revisa el desván cada año e inmediatamente después de finalizar una relación.

La buhardilla es un almacén ideal, pero no debes recargarlo. Guárdalo todo en cajas etiquetadas.

PASO 54 ADORNOS NAVIDEÑOS

¿Abunda este tipo de cosas?

✔ Luces rotas, árboles artificiales en mal estado.

✔ Espumillón descolorido, viejas serpentinas.

✔ Ángeles, pastorcillos y pesebres desteñidos.

✔ Ornamentos rotos o agrietados.

✔ Adornos aplastados.

Con cada Navidad se acumula un nuevo ejército de objetos decorativos en la caja que guardas en el desván, pero ¿cuántos usas en realidad? Las fiestas navideñas constituyen un período sentimental y nostálgico, pero esto no significa que debas conservar los adornos viejos o en un pésimo estado. Impides la entrada de nueva energía estacional.

Organízate: Hurga en la caja, guarda aquel ángel favorito y tira los ornamentos rotos o estropeados. Examina las luces, deshazte de las defectuosas y sustituye las bombillas fundidas en las tiras que funcionen. Divide la caja con separadores, destinando un espacio a las borlas, espumillón y serpentinas, otro a los adornos, etc.

Beneficios generales de adornar
Disponer de adornos útiles en una caja reorganizada.

Beneficios emocionales de ordenar
Dejas atrás las Navidades pasadas.

Mantenimiento: Revisa la caja de adornos navideños cuando se aproxime el mes de diciembre.

PASO 55 CAJA DE VACACIONES

¿Abunda este tipo de cosas?

✔ Lociones y cremas solares del año pasado.

✔ Tubos, gafas y aletas de buceo rotos o en mal estado.

✔ Repelentes de insectos caducados, botiquín de primeros auxilios medio vacío.

✔ Secador para el pelo y enchufes estropeados.

Después de las vacaciones, no deposites automáticamente tu equipo habitual en la caja correspondiente. Asegúrate de que merece la pena guardarlo. Acumular demasiadas cosas de las vacaciones puede impedir que disfrutes plenamente de tu siguiente viaje.

Organízate: Descarta las lociones solares de más de un año; han perdido sus propiedades protectoras. Elimina los artículos de viaje desgastados. Repara o tira el equipo roto. Regala los juegos a tus amigos. Verifica las fechas de caducidad de los productos que guardas en el botiquín. Sustituye las medicinas que faltan.

Beneficios generales de ordenar
Encontrarás lo que buscas con más facilidad.

Beneficios emocionales de ordenar
Planificarás el siguiente viaje con más tranquilidad.

Mantenimiento: Revisa dos veces al año y observa cuántos objetos inservibles has acumulado.

RESUMEN

¡Bien hecho!, ordenar el desván es una tarea ardua, pero fíjate en la cantidad de espacio de que dispones ahora.

Replanificar el espacio de almacenaje

PASO 56 OBJETIVOS EN EL DESVÁN

✓ Racionalizar el material de decoración.

✓ Seleccionar los recuerdos escolares.

✓ Seleccionar los recuerdos de relaciones sentimentales anteriores.

✓ Ordenar los artículos de vacaciones.

✓ Eliminar los adornos navideños en mal estado.

Si has tenido que esforzarte un poco, pero aun así has conseguido cumplir un mínimo de dos de estos objetivos te puedes permitir algunos detalles para que el desván sea un lugar más acogedor. Elige los que más te gusten o selecciónalos de la lista siguiente.

Detalles después de ordenar

● Kit de estantes de fácil instalación.

● Lámpara-mamparo que ilumine suavemente el entorno.

● Cajones con ruedas para moverlos con facilidad de un lado a otro.

● Etiquetas de colores para identificar todo lo que guardas.

● Módulos con pequeños cajones para los accesorios pequeños.

PASO 57 TARJETA DE LOS DESEOS

Antes de finalizar el proceso de ordenación, fotocopia una de tus tarjetas de los deseos de la página 96. Escribe un deseo relacionado con tu desván ideal o elige uno de los siguientes:

«Quiero tener un desván bien organizado con mucho espacio de almacenaje.»

«Me gustaría que el desván estuviera lleno de cajas y estantes ordenados.»

«Quiero que sea agradable entrar en el desván.»

«Deseo un espacio de desván con pocas cosas almacenadas.»

«Quiero un desván con pocas pertenencias del pasado.»

«Necesito un desván de fácil acceso.»

UN CASO EN LA VIDA REAL

Chris tenía que eliminar veinte años de extractos de tarjetas de crédito almacenados en el desván, pero le resultaba extremadamente difícil hacerlo. Aunque reconocía que no eran relevantes para su vida actual y que la encadenaban a un «yo» anterior y que había cambiado notablemente, los utilizaba para recordar momentos felices de años atrás. Al darse cuenta de hasta qué punto la nostalgia había ensombrecido el presente, no dudó en deshacerse de aquel montón de papel.

El Despacho Doméstico

UN ESPACIO PARA LA CREATIVIDAD: 10½ HORAS

Paso 58 – Responder al cuestionario (véanse pp. 80-81) y examinar el despacho doméstico

Paso 59 – Inspeccionar el equipo de oficina

Paso 60 – Revisar los archivos (personales)

Paso 61 – Revisar los archivos (financieros)

Paso 62 – Revisar el tablón de corcho

Paso 63 – Seleccionar la correspondencia del escritorio

Paso 64 – Actualizar el organizador personal/Palm pilot

Paso 65 – Borrar e-mails/archivos informáticos no utilizados

Pasos 66 y 67 – Reafirmación para el éxito

PASO 58 CREAR UN ESPACIO INSPIRADOR

Echa una ojeada a tu despacho, el lugar en el que pasas todos los días si eres autónomo. ¿Tiemblas al entrar sólo con pensar en el terrible desorden que te espera y las tareas a medio terminar?

● ¿Estás rodeado de equipo de oficina?

● ¿Los archivadores y módulos para el material de oficina están atestados de cosas que no necesitas?

● ¿Guardas nombres de contactos, direcciones y correspondencia de mucho tiempo atrás?

● ¿Tu ordenador está repleto de viejos e-mails, programas y archivos?

El despacho doméstico es el lugar donde te ocupas de la economía familiar y la correspondencia, ideas nuevos proyectos y diseñas futuras propuestas de trabajo. Si está muy desordenado, te sentirás confuso y serás incapaz de pensar con claridad en las tareas que tienes entre manos. Escribe cómo sería tu modelo de despacho ideal.

PASO 59 EQUIPO DE OFICINA

¿Abunda este tipo de cosas?

✓ Impresoras, fotocopiadoras y fax averiados.

✓ Ordenadores viejos.

✓ Teléfonos y dictáfonos averiados, rotos o en pésimo estado.

Si estás rodeado de equipo de oficina roto o que no funciona como es debido, influirá negativamente en las vibraciones de la energía de la habitación e incluso puede dificultar la comunicación con los clientes. También indica una falta absoluta de preocupación en la forma en que gestionas tu negocio.

Organízate: Llama a profesionales para que reparen el equipo que no funciona. Deshazte del equipo roto, viejo o muy usado. Repara los teléfonos defectuosos o sustitúyelos por otros nuevos si no tienen remedio.

Beneficios generales de ordenar
Mejor funcionamiento del despacho con niveles de energía más altos.

Beneficios emocionales de ordenar
Sensación de satisfacción al ser capaz de comunicarte adecuadamente con el mundo exterior

---

Mantenimiento: Lleva el equipo de oficina más importante para una revisión anual y soluciona los problemas tan pronto como se produzcan.

PASO 60 ARCHIVOS (PERSONALES)

¿Abunda este tipo de cosas?

✔ Documentación, ponencias
y material didáctico de cursos
realizados.

✔ Documentación de
divorcio de hace algunos años.

✔ Informes médicos relativos
a enfermedades pasadas.

✔ Carpetas de proyectos
futuros.

✔ Folletos de vacaciones.

Es muy fácil que los archivos
personales se llenen de un abundante papeleo inútil:
revísalos a menudo. Asimismo, si guardas carteras
acerca de relaciones sentimentales anteriores,
enfermedades o de proyectos no completados, te estás
atando innecesariamente a los aspectos más negativos
del pasado.

Organízate: Guarda la documentación legal actua
y elimina la correspondencia médica y vacacional de
antaño, material de cursillos, etc. Etiqueta los archivos
con claridad, deshazte de los documentos de más de un
año, guarda los que aún te resulten de utilidad y ordena
los actuales en una carpeta de anillas con hojas
plastificadas.

Beneficios generales de ordenar
Restauras el orden en tu otrora voluminoso
archivador.

Beneficios emocionales de ordenar
Te recargas de energía positiva al deshacerte
de tanto documento antiguo.

Mantenimiento: Ordena y selecciona el contenido
del archivo una vez al año, y échale una ojeada cada
tres meses.

**Tu despacho debe estar limpio y ordenado para
poder trabajar de una forma positiva.**

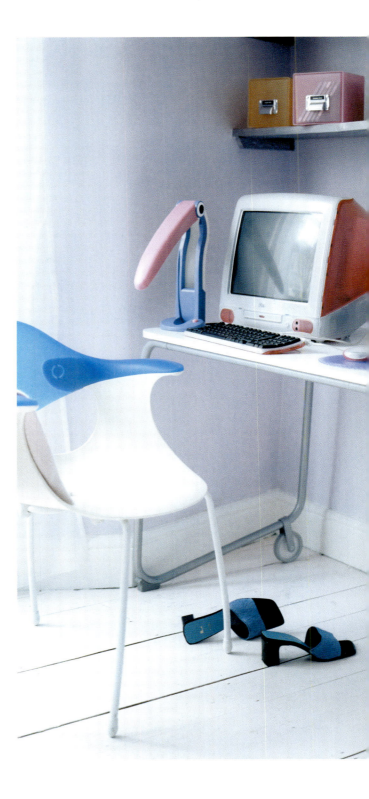

PASO 61 ARCHIVOS (FINANCIEROS)

¿Abunda este tipo de cosas?

✓ Documentación relativa a antiguos préstamos.

✓ Pólizas de seguro vencidas, correspondencia contable, planes de ahorro.

✓ Documentación de hipotecas de propiedades anteriores.

✓ Viejas cartas bancarias, extractos de cuenta pasados y facturas de la tarjeta de crédito.

Tu despacho necesita una atmósfera vibrante para que puedas afrontar con éxito tus tareas y proyectos profesionales. Si el archivo financiero rebosa papeleo relativo a préstamos de años atrás, cuentas de ahorro canceladas, etc., dificultarás el flujo saludable de dinero en tu cuenta bancaria.

Organízate: Tira la documentación de préstamos vencidos y cuentas de ahorros canceladas. Guarda única y exclusivamente las correspondencia financiera importante de los últimos años. Deshazte de toco cuanto no tenga el menor interés. Si eres autónomo, conserva los extractos bancarios recientes y declaraciones de renta, descartando todo lo demás relativo a créditos y extractos.

Beneficios generales de ordenar
Encontrarás rápidamente todo lo relacionado con tus asuntos financieros.
Beneficios emocionales de ordenar
El vínculo con las viejas preocupaciones económicas se ha roto.

Mantenimiento: Procura ser estricto con lo que guardas. Revisa a fondo todas las carpetas cada seis meses y después de cualquier cambio de orden financiero.

PASO 62 TABLÓN DE CORCHO

¿Abunda este tipo de cosas?

✓ Notas de hace más de seis meses.

✓ Anotaciones de cambios de dirección y tarjetas comerciales obsoletas.

✓ Números de teléfono garabateados, contactos de años o meses atrás, menús de comida a domicilio.

✓ Horario de clases del año pasado en el centro de fitness, calendario del último año.

Los tablones de corcho son ideales para guardar números de contacto de personas o lugares a los que llamas con regularidad. Pero si está saturado de viejas anotaciones y tarjetas comerciales obsoletas, estás creando un área de confusión y frustración en la que nunca encuentras lo que buscas.

Organízate: Vacía el tablón por completo, selecciona su contenido en dos pilas útil e inútil, descartando esta última. Vuelve a colocar las tarjetas comerciales y los folletos de comida rápida actuales, y transfiere los números de teléfono a tu agenda u organizador personal. Añade el calendario del año en curso y la programación de clases actualizada del gimnasio.

Beneficios generales de ordenar
Encontrarás fácilmente el número de contacto que deseas.
Beneficios emocionales de ordenar
Lo verás todo con más claridad al desaparecer otra nueva área de confusión y desorden.

Mantenimiento: Elimina cada dos meses las anotaciones y tarjetas de tiempo atrás que hayas acumulado en el tablón.

PASO 63 CORRESPONDENCIA EN EL ESCRITORIO

¿Abunda este tipo de cosas?

✔ Montones de cartas de hace más de una semana.

✔ Facturas y letras pendientes de pago.

✔ Invitaciones sin responder.

✔ Montones de información de marketing y prensa.

✔ Informes y contratos sin leer.

Tu escritorio es el centro neurálgico del despacho doméstico. Es allí donde impulsas tus proyectos, concibes nuevas ideas y te ocupas de los asuntos cotidianos. Sumergirse en una montaña de papeleo sin responder te hará sentir desorientado y distraído.

Organízate: No lo pienses dos veces. Responde a las cartas e invitaciones el mismo día o utiliza el e-mail. Luego archívalas. Destina una carpeta para las facturas y establece una fecha de pago semanal o mensual. Lee los informes y contratos y luego ponlos en circulación o consérvalos a modo de referencia.

Beneficios generales de ordenar
Dispones de un espacio de escritorio para trabajar en las tareas actuales.

Beneficios emocionales de ordenar
Ves las cosas con mayor claridad y mejora tu concentración.

Mantenimiento: Procura limpiar a fondo el escritorio cada noche y verifica una vez por semana si la montaña de papel vuelve a crecer.

PASO 64 ORGANIZADORES PERSONALES

¿Abunda este tipo de cosas?

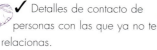

✔ Detalles de contacto de personas con las que ya no te relacionas.

✔ Pedazos de papel con números de teléfono.

✔ Post-it pegados en el organizador.

✔ Tiques de viaje, notas antiguas, tarjetas comerciales arrugadas o listas de la compra.

Un organizador personal debería ser lo que su propio nombre indica, ayudando, en lugar de complicando, la vida diaria profesional. Es tu acceso rápido a tus contactos personales y profesionales, y debe estar lleno de personas positivas siempre dispuestas a echarte una mano en tu trabajo o con las que mantienes una relación fluida y vital. Si está repleto de anotaciones inútiles o de teléfonos y direcciones de contacto de individuos con los que no te relacionas positivamente, afectará a tus oportunidades de éxito laboral.

Organízate: Saca los pedazos de papel y los tiques, y transfiere la información útil o los números anotados en Post-it, reescribiendo las páginas que hayan sufrido alguna modificación. Haz lo propio con un Palm pilot, borrando electrónicamente lo que carezca de interés.

Beneficios generales de ordenar
Un organizador que puedas abrir sin dificultades y encontrar la información que andas buscando.

Beneficios emocionales de ordenar:
Recuperas el control y la seguridad en ti mismo.

Mantenimiento: Revisa el organizador personal cada seis meses. Borra los contactos a medida que vayan cambiando. Verifica la acumulación de datos innecesarios una vez al mes.

PASO 65 E-MAILS Y ARCHIVOS INFORMÁTICOS

¿Abunda este tipo de cosas?

✔ E-mails sin responder.

✔ Más de cincuenta mensajes en la bandeja de entrada.

✔ Viejos archivos de proyectos o correspondencia.

✔ Programas que no utilizas.

Un ordenador es una valiosa herramienta de trabajo, y al igual que el equipo restante del despacho, puede estar sobrecargado de información. El 70% del disco duro debería estar libre para que el ordenador funcionara más deprisa y con mayor eficacia. Así pues, si no archivas el material con regularidad, tú, al igual que tu ordenador, trabajarás más lentamente y no progresarás con los importantes proyectos o nuevas ideas.

Organízate: Responde diariamente los e-mails y luego bórralos, imprímelos o guárdalos en archivos en el disco duro. Borra los más antiguos o irrelevantes, o archívalos en disquetes. Desinstala los programas que no usas o solicita la ayuda de un profesional.

Beneficios generales de ordenar
Un ordenador eficaz y menos propenso a los desagradables bloqueos.

Beneficios emocionales de ordenar
Experimentas un nuevo impulso creativo y te das cuenta de que estás trabajando con mucha más eficacia que de costumbre.

Mantenimiento: Revisa los e-mails y bórralos o archívalos según sean o no de interés. Elimina los archivos cada tres meses. Solicita la ayuda de un experto para que revise a fondo el ordenador una vez al año.

RESUMEN

¡Bien hecho! Ahora, la atmósfera de tu despacho propicia más y mejor el éxito en tu trabajo.

Inspiración

PASO 66 OBJETIVOS EN EL DESPACHO DOMÉSTICO

✓ Revisar el funcionamiento del equipo de oficina

✓ Eliminar o archivar los e-mails.

✓ Seleccionar el material en los archivadores.

✓ Actualizar el tablón de corcho.

✓ Eliminar los viejos contactos.

✓ Limpiar el ordenador de archivos y programas innecesarios.

El despacho doméstico es una de las áreas peores para el desorden. Así pues, no te sorprendas si te lleva tiempo ordenarlo. Si has cumplido un mínimo de tres (a ser posible cuatro) de estos objetivos, concédete algún que otro detalle para mejorar la atmósfera del despacho. Compra el que más te satisfaga de la siguiente lista o elige uno a tu gusto.

Detalles después de ordenar

● Lirio blanco o un pothos de matices áureos para absorber las emisiones del ordenador.

● Caja transparente para los disquetes o módulos de plástico apilables para el material de oficina.

● Silla de escritorio ergonómica y de respaldo alto para apoyar correctamente la espalda.

● Carpetas de archivo de colores.

● Lámpara de escritorio moderna.

● Ventilador para mantener el despacho fresco en verano.

PASO 67 TARJETA DE LOS DESEOS

Cuando estés a punto de terminar de ordenar, elige una fotocopia de la tarjeta de la página 96. Escribe en ella cómo sería tu despacho ideal o selecciona un deseo entre los siguientes:

«Quiero un despacho que potencie mi creatividad.»

«El despacho de mis sueños fomenta el éxito.»

«Deseo que el despacho sea un espacio práctico.»

«Mi despacho debería estar lleno de energía inspiradora.»

«Quiero un despacho que me ayude a alcanzar mis objetivos.»

«Necesito un despacho que estimule mi seguridad económica.»

UN CASO EN LA VIDA REAL

Apenas pude entrar en el despacho de Barbara. Para acceder a los archivadores y los módulos de material de oficina había que sortear una infinidad de objetos domésticos y montones de papel, y su escritorio era un verdadero desastre; apenas había espacio para el teléfono. Juntas eliminamos un sinfín de cosas inútiles. Semanas más tarde me telefoneó para decirme lo distinta que se sentía; tenía más energía y había conseguido tres nuevos clientes.

El Jardín

UN ESPACIO DE CRECIMIENTO: 13½ HORAS

Paso 68 – Responder al cuestionario (véanse pp. 84-85) y observar el jardín

Paso 69 – Reparar el vallado o los muros en mal estado

Paso 70 – Examinar el estado de conservación de la verja

Paso 71 – Eliminar los escombros de obras de construcción

Paso 72 – Observar la colocación de los cubos de basura

Paso 73 – Podar los arbustos que hayan crecido demasiado

Paso 74 – Revisar el sendero

Paso 75 – Sustituir las macetas rotas

Paso 76 – Verificar la existencia de plagas

Pasos 77 y 78 – Reafirmación para el éxito

PASO 68 CREACIÓN DE UN ESPACIO SUGERENTE

Sal de casa y observa el jardín desde el sendero. ¿Tienes una sensación de ahogo o tal vez te sientes a disgusto a causa de lo descuidada que está toda el área? (consulta tus respuestas al cuestionario).

● ¿Hay cubos de basura rebosantes y macetas rotas por todas partes?

● Han desaparecido los parterres y el sendero asfixiados por las malas hierbas, ramas de árbol caídas o una alfombra de hojas secas?

● ¿Te ves obligado a enzarzarte en un verdadero combate para recorrer el sendero a causa de un ejército de arbustos que han crecido desmesuradamente?

Si no te gusta el aspecto del jardín o libras una cruenta batalla para alcanzar la puerta de la casa, imagina lo que deben pensar tus amigos y otras visitas. El jardín, es decir, la parte delantera de la casa, es la primera impresión que se lleva la gente, y por lo tanto debe ser atractivo y acogedor. Si está hecho un desastre, ¿acaso no estarás intentando «echar» a la gente de tu casa? Escribe cómo te gustaría cambiar este espacio.

Mantenimiento: Arranca el musgo y las malas hierbas una vez al mes. Cultiva las plantas adecuadas en cada estación del año.

PASO 69 VALLADO Y MUROS EN MAL ESTADO

¿Abunda este tipo de cosas?

✓ Valla caída o con secciones rotas.

✓ Muro dañado por la escarcha, agrietado, desconchado o desmoronado.

Las vallas y las cancelas protegen tu propiedad, proporcionándote una sensación de mayor seguridad. Pero si están en pésimo estado de conservación o se caen, deberías preguntarte si tal vez no estarás eliminando subliminalmente el muro medianero e permitiendo que los vecinos penetren en tu espacio personal.

Organízate: Repara la valla rota, y luego píntala o barnízala. Sustituye los ladrillos o piedras rotas del muro y masilla las grietas. Si su estado es pésimo, reconstrúyelo.

Beneficios generales de ordenar
Tu territorio está perfectamente demarcado.

Beneficios emocionales de ordenar
Tus fronteras personales han vuelto a su lugar de origen. Una vez más, te sientes seguro.

Mantenimiento: Revisa a fondo el vallado y el muro de tu casa cada seis meses.

PASO 70 VERJA DESVENCIJADA

¿Abunda este tipo de cosas?

✔ Los goznes de la verja se han soltado.

✔ Malas hierbas trepando por los postes y goznes.

✔ Goznes oxidados o agrietados

La verja es la primera entrada de tu casa. ¿Qué impresion crees que se llevará la gente tanto de la casa como de la forma en que vives? Es como si estuvieras intentando impedir la entrada a tu santuario. Repárala y deja que las visitas fluyan una vez más.

Organízate: Repara la verja y los postes, o sustitúyelos por otros nuevos si son de madera y están podridos. Decapa la vieja pintura con papel de lija y repíntala o barnízala parc protegerla.

Beneficios generales de ordenar

Una verja elegante que abre y cierra con suavidad.

Beneficios emocionales de ordenar

Sensación de abrirte a nuevas oportunidades.

Mantenimiento: Verifica el estado de la verja cada primavera por si fuera necesario engrasarla o renovarla.

PASO 71 ESCOMBROS DE OBRAS

¿Abunda este tipo de socas?

✔ Viejas bolsas de arena, cemento, ladrillos.

✔ Accesorios sustituidos por otros nuevos (bañeras, inodoros, etc.).

✔ Pedazos de madera, placas de yeso, vieja moqueta o pavimento.

Procura que la verja y el sendero sean lo más atractivos posible, y que inviten a entrar.

Si estás reformando tu hogar, es inevitable que almacenes provisionalmente en el jardín diversos materiales de construcción. Pero si las obras han terminado y los montones de materiales y accesorios domésticos viejos siguen ahí, generarán energía muerta que conviene disipar antes de que afecte a la familia.

Organízate: Los escombros son responsabilidad de los albañiles y otros operarios que hayan trabajado en la casa; diles que vengan y se los lleven. Alternativamente, traslada a un vertedero todo cuanto puedas, o contrata a alguien para que lo haga.

Beneficios generales de ordenar

Has recuperado tu espacio.

Beneficios emocionales de ordenar

Ya no te sientes disgustado al aproximarte a tu casa.

Mantenimiento: Asegúrate de que los operarios retiran todos los escombros antes de que terminen las obras de reforma.

PASO 72 CUBOS DE BASURA

¿Abunda este tipo de cosas?

✔ Basura cerca de la puerta de entrada o fuera de casa.

✔ Envases, desperdicios, etc., alrededor de los cubos.

✔ Cubos demasiado llenos.

Un cubo de basura lleno a rebosar de envases y materia orgánica es un área de energía negativa en el exterior de la casa, de manera que debería estar situado lo más lejos posible de la puerta principal. Si está excesivamente cerca, absorberá las vibraciones del chi que entran en tu hogar a través de la puerta.

Organízate: No coloques nunca el cubo de basura alineado con la puerta principal; ponlo siempre a un lado. Limpia los restos de desperdicios para evitar el mal olor y procura que estén fuera del alcance de los roedores.

PASO 73 ARBUSTOS Y ÁRBOLES QUE HAN CRECIDO DEMASIADO

¿Abunda este tipo de cosas?

✔ Árboles que cuelgan sobre el sendero o que descansan en las paredes de la casa.

✔ Arbustos altos que bloquean la luz.

✔ Plantas trepadoras de crecimiento desmesurado alrededor de la puerta.

✔ Arbustos espinosos o con parásitos en el sendero.

Los matorrales y arbustos que han crecido demasiado oscurecen la casa y el jardín. Por otra parte, puede resultar muy incómodo tener que sortear un sinfín de ramas de arbusto y de árbol para llegar hasta la puerta.

Organízate: Poda los arbustos espinosos y las hiedras, o contrata a un jardinero profesional para que se encargue de asear el área y recomponer el jardín.

Beneficios generales de ordenar

Un espacio delantero que invita a entrar.

Beneficios emocionales de ordenar

Sensación de haber abierto de nuevo tus puertas al mundo.

Beneficios generales de ordenar

No tropezarás con el cubo al llegar a la puerta de tu casa.

Beneficios emocionales de ordenar

Percibirás una atmósfera más limpia en el recibidor.

Mantenimiento: Revisa el estado del jardín cada estación, y poda los arbustos una vez al mes.

Mantenimiento: Limpia a conciencia el espacio que rodea el cubo, y si has acumulado demasiadas bolsas días antes de la recogida, llévalas al vertedero o a un centro de reciclaje.

PASO 74 SENDERO IMPRACTICABLE

¿Abunda este tipo de cosas?

✓ Losas del pavimento rotas o desencajadas.

✓ Musgo o malas hierbas altas.

✓ Plantas que han crecido excesivamente.

El sendero canaliza e chi positivo hasta tu casa. Si dejas crecer demasiado la maleza o las plantas, o lo descuidas por completo, estarás obstaculizando esta senda de energía, creando una atmósfera deprimente.

Organízate: Sustituye las losas dañadas. Arranca las malas hierbas o el musgo, y haz una limpieza general. Poda las plantas que hayan crecido desmesuradamente. El chi debería desplazarse en espiral hasta la puerta. Así pues, intenta segar el césped con esta forma o coloca algunas macetas o plantas a diferentes intervalos para romper el flujo directo de energía.

Beneficios generales de ordenar
No tienes que mirar por dónde pisas.

Beneficios emocionales de ordenar
Actitud más positiva al aproximarte a la casa.

Mantenimiento: Quita el musgo y las malas hierbas una vez al mes.

Procura que la verja y el sendero sean lo más atractivos posible, y que inviten a entrar.

PASO 75 MACETAS EN MAL ESTADO

¿Abunda este tipo de cosas?

✓ Macetas dañadas por la escarcha.

✓ Grietas, desconchados o musgo en las macetas.

✓ Plantas muertas, abono reseco.

Las macetas llenas de fragantes flores alrededor de la puerta de entrada o alineadas en el balcón de un apartamento causan admiración y crean un área de energía positiva y crecimiento. Pero si están repletas de malas hierbas o plantas marchitas, tienen un aspecto descuidado e introducen un flujo de energía negativa que afecta a todos cuantos viven en la casa.

Organízate: Tira las macetas rotas, limpia las que estén cubiertas de musgo y compra nuevas macetas de barro. Compra también nuevo abono y flores sanas y de temporada. Colócalas a cada lado de la puerta de entrada para dar la bienvenida a los visitantes.

Beneficios generales de ordenar
Un espacio más cálido y atractivo.

Beneficios emocionales de ordenar
Tu corazón se alegra al contemplar las flores en todo su esplendor.

Mantenimiento: Examina el estado de las macetas cada temporada. Sustituye las plantas y renueva el abono.

PASO 76 PLAGAS DE JARDÍN

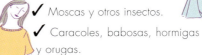

¿Abunda este tipo de cosas?

✓ Moscas y otros insectos.

✓ Caracoles, babosas, hormigas y orugas.

Si observas con atención tu jardín y detectas plagas por doquier comiéndose las flores y las plantas, tienes un grave problema que resolver. Este tipo de plantas generan energía muy negativa. Estás dejando, simbólicamente, que todo lo positivo se aleje de tu vida.

Organízate: Procura usar métodos orgánicos para controlar la población de insectos y demás bichos, ya que los insecticidas contaminan el medio ambiente. Elimina los caracoles y las babosas, y sustituye las plantas muy afectadas por las plagas.

Beneficios generales de ordenar
Plantas y flores de aspecto más sano.

Beneficios emocionales de ordenar
Más energía y sensación de equilibrio y armonía en el jardín.

Mantenimiento: Revisa la posible existencia de plagas en primavera y verano.

RESUMEN

No te desanimes si no has conseguido realizar todos los proyectos. Has empezado bien y tu jardín adquirirá poco a poco una atmósfera más seductora.

Quita las flores marchitas con regularidad, poda los arbustos y siega el césped para ordenar el jardín.

Un espacio inspirador

PASO 77 OBJETIVOS EN EL JARDÍN

✓ Seleccionar las macetas.

✓ Podar los arbustos y árboles que hayan crecido demasiado.

✓ Reparar verjas y vallados.

✓ Desherbar el sendero.

✓ Eliminar los escombros de obras de construcción.

✓ Asear los cubos de basura.

✓ Eliminar el exceso de bichos.

¿Estás agotado? Limpiar el jardín puede resultar muy fatigoso, pero si por lo menos has conseguido cumplir cuatro, a poder ser cinco, de los objetivos anteriores, te mereces algunos detalles. Selecciónalos de la lista siguiente o elige los que más te gusten.

Detalles después de ordenar

● Comedero de aves.

● Carrillón de cinco varillas en la puerta principal para ralentizar el chi entrante.

● Grandes macetones de barro o cerámica con flores a cada ado de la puerta.

● Cestas colgantes.

● Pequeño surtidor (a la izquierda mirando al exterior desde la puerta) para potenciar el flujo de chi.

● Rejillas de emparrado con plantas trepadoras aromáticas.

PASO 78 TARJETA DE LOS DESEOS

Antes de finalizar el proceso de ordenación, coge una fotocopia de la tarjeta de los deseos de la página 96. Escribe un deseo relacionado con tu jardín ideal o elige uno de los siguientes:

«Quiero un jardín que llame la atención de la gente.»

«Sueño con un jardín fragante y aromático.»

«Deseo que en el jardín de mi casa impere el orden.»

«Busco un jardín con un ambiente cálido.»

«Quiero un jardín que me dé la bienvenida al llegar a casa.»

«Mi jardín perfecto está lleno de arbustos floridos.»

UN CASO EN LA VIDA REAL

Roger se había encerrado en sí mismo tras haber finalizado su relación sentimental. Mientras librara una guerra sin cuartel, entre ramas y arbustos, intentando alcanzar la puerta de su casa, descubrí por qué estaba alejando inconscientemente a la gente. Le dije que necesitaba limpiar y ordenar el jardín para convertirlo en un espacio más atractivo. Siguió mi consejo y un mes más tarde me llamó diciendo que su vida social estaba mejorando y que aquella noche incluso había invitado a una mujer a cenar.

El Patio

PASO 79 UN REFUGIO ESPECIAL

Observa el patio desde la puerta trasera de la casa. ¿Qué impresión te produce? ¿Invita a sentarse en el banco o está hecho un verdadero desastre? (consulta las respuestas al cuestionario).

● ¿Te molesta el desagradable olor de los desagües obturados, el agua estancada del estanque o un árbol muerto?

● ¿Es imposible encontrar los muebles de jardín en el cobertizo a causa de su extremado desorden?

● ¿Te has olvidado de arrancar o podar las viejas plantas y de reparar las estatuas, si las tienes?

El patio o jardín posterior es un lugar destinado al crecimiento de las plantas, relax y entretenimiento. Si estás rodeados de escombros y plantas marchitas, se reflejará en la atmósfera y no te apetecerá salir.

Escribe la forma en que podrías transformar este espacio.

PASO 80 DESAGÜES OBTURADOS

¿Abunda este tipo de cosas?

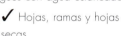

✔ Desagües con agua estancada.

✔ Hojas, ramas y hojas secas.

✔ Olor desagradable.

Es esencial que todo funcione como es debido en tu casa y en el patio, ya que cualquier problema crea un bloqueo de la energía que puede ralentizar la marcha de la vida cotidiana en el hogar. Los desagües obturados impiden el proceso natural de drenaje del agua, produciendo agua estancada y maloliente. Límpialos de inmediato.

Organízate: Retira todos los escombros que obstaculicen el paso del agua en el desagüe y añade un producto limpiador especial para cañerías. Si aun así no da resultado, llama a un profesional.

Beneficios generales de ordenar
Se elimina el bloqueo y el agua vuelve a fluir libremente.

Beneficios emocionales de ordenar
A medida que mejora el movimiento del chi, también lo hace la interacción familiar.

Mantenimiento: Examina regularmente los desagües por si rebosaran de agua. Límpialos a menudo, sobre todo en otoño, cuando todo se llena de hojarasca.

PASO 81 FLORES MARCHITAS

¿Abunda este tipo de cosas?

✔ Plantas con plagas, hongos o enfermedades virales.

✔ Flores que se han marchitado.

Al igual que la casa, el patio debe ser un espacio vibrante y saludable para el crecimiento de las plantas, sobre todo las variedades de floración. Si le echas una ojeada desde el umbral de la puerta y descubres un amasijo de flores muertas, ¿no te deprime esta ausencia de energía? Cuida el patio y gozarás de un chi muy positivo.

Organízate: Poda las flores viejas para que crezcan otras nuevas. Arranca las plantas afectadas por las plagas. Sustituye las plantas marchitas por variedades estacionales de floración.

Beneficios generales de ordenar
Un patio repleto de plantas sanas.

Beneficios emocionales de ordenar
El precioso jardín que has plantado aviva tus sentidos.

Mantenimiento: Poda regularmente las flores marchitas en verano, y examínalas en primavera y otoño.

Cuida el mobiliario de jardín y guárdalo como es debido para poder disfrutar de una cena de verano en el patio.

PASO 82 ESTANQUE

¿Abunda este tipo de cosas?

✔ Agua estancada, turbia, lodosa, hojas flotando.

✔ Pedes enfermos.

✔ Plantas marchitas o muertas, limo.

El estanque puede ser una parte vital de un patio o jardín, sobre todo si hay peces, que contribuyen a mantener el agua en movimiento, favoreciendo la circulación de la energía positiva. Pero si está descuidado, se convierte en un generador de energía negativa cuyos efectos pueden ser devastadores para la economía familiar.

Organízate: Vacía el estanque y límpialo, quitando las plantas muertas y los peces enfermos. Llénalo de nuevo de agua fresca e instala una pequeña bomba para que fluya constantemente y potencie el buen chi. Añade un filtro para que el agua esté siempre limpia. Coloca de nuevo las rocas, plantas y peces (en Feng Shui, nueve peces es un símbolo de buena suerte).

Beneficios generales de ordenar
Estanque limpio y vibrante que es un gozo verlo.

Beneficios emocionales de ordenar
Un negro nubarrón que se cernía sobre ti se disipa al eliminar la negatividad que reinaba en el estanque.

Mantenimiento: Verifica semanalmente el funcionamiento del filtro y la bomba, siguiendo siempre las instrucciones del fabricante. Efectúa una limpieza general una vez al año.

PASO 83 RAMAS O TRONCOS PODRIDOS

¿Abunda este tipo de cosas?

✔ Ramas caídas de los árboles o segmentos del tronco en estado de descomposición.

✔ Árboles muertos.

Una gruesa rama de árbol, un segmento del tronco o incluso un árbol caído o semiarrancado por la acción del viento es una de las peores cosas que puedes tener en el patio. Emite energía negativa, letal, que se extiende por todo el patio y acaba penetrando en la casa.

Beneficios generales de ordenar
Quitas de tu vista esa monstruosidad podrida.

Beneficios emocionales de ordenar
Finalmente se desvanece el letargo que ha formado parte de tu vida.

Mantenimiento: Examina los árboles cada estación, y al mínimo signo de enfermedad, consulta a un profesional.

PASO 84 COBERTIZO SOBRECARGADO

¿Abunda este tipo de cosas?

✔ Herramientas de jardín oxidadas, mangueras agrietadas, regaderas en mal estado, piscinas hinchables.

✔ Sillas, mesas y parasoles rotos.

✔ Viejos abonos, semillas, macetas rotas.

✔ Bicicletas en un estado deplorable, equipo de deporte.

✔ Electrodomésticos averiados, barbacoa oxidada, segadora de césped inservible.

Si es imposible abrir de par en par la puerta del cobertizo, es muy probable que se haya convertido en el segundo centro de almacenaje después del desván. No creas que no te afecta por el mero hecho de estar situado en el exterior; desde allí continúa drenando la energía general de la casa. El cobertizo es un área ideal de almacenaje para los accesorios y muebles de jardín que se utilizan con regularidad. Examínalo a fondo y aséalo.

Organízate: Tira los escombros, viejos abonos para plantas y semillas, y viejo equipo imposible de reparar. Vacía el cobertizo, límpialo a conciencia y luego recoloca todo cuanto sea imprescindible. Recupera y engrasa las herramientas que merezca la pena conservar. Libera la máxima cantidad posible de espacio de pavimento instalando más estantes para fertilizantes y abonos. Cuelga las herramientas y el equipo de ganchos o guías metálicas. Coloca debidamente las sillas de jardín y la barbacoa de manera que no dificulten el acceso. Cierra con llave para que no entren los niños.

Beneficios generales de ordenar
Ahora dispones de un espacio de almacenaje bien ordenado.

Beneficios emocionales de ordenar
Ya no te deprimes cada vez que entras en el cobertizo.

Mantenimiento: Ordena el cobertizo cada vez que se acumulen los trastos. Realiza una limpieza general cada tres meses, coincidiendo con el cambio de estación.

Utiliza la suave y cálida luz de unas velas para iluminar el camino hasta el espacio destinado a comedor en el patio.

PASO 85 MUEBLES DE JARDÍN

¿Abunda este tipo de cosas?

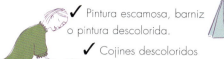

✓ Pintura escamosa, barniz o pintura descolorida.

✓ Cojines descoloridos o manchados, tela rasgada.

✓ Patas o traviesas rotas o agrietadas.

Los muebles de jardín se sacan al patio en los meses de verano para amenizar veladas nocturnas o disfrutar de los días soleados, y luego, muy a menudo, se dejan languidecer durante el resto del año. Si los descuidas, dejando que las sillas y mesas se agrieten u oxiden, estarás minando seriamente la sensación de apoyo y confort tan necesaria en tu vida.

Organízate: Revisa el mobiliario de jardín. Tira las piezas viejas y compra otras nuevas. Repara las patas rotas y sustituye la tapicería o los cojines. Decapa la pintura de los muebles con papel de lija y repíntalos. Barniza de nuevo los muebles de madera coloreada.

Beneficios generales de ordenar
Los muebles funcionan como es debido y tienen un aspecto renovado.

Beneficios emocionales de ordenar
Ya no te sentirás avergonzado al sacar al patio los muebles de jardín.

Mantenimiento: Límpialos bien antes de guardarlos cada otoño. Revísalos en primavera por si hubiera que repararlos o sustituirlos.

PASO 86 ESTATUAS DE JARDÍN

¿Abunda este tipo de cosas?

✓ Terroríficas gárgolas, demonios o brujas.

✓ Figuras sin brazos o sin cabeza.

✓ Estatuas descuidadas y cubiertas de moho.

El patio debería ser un lugar tranquilo y relajante. Ten pues cuidado con las estatuas que colocas en él. Las figuras grotescas o amenazadoras pueden generar una atmósfera negativa, mientras que las que carecen de brazos o cabeza pueden propiciar, simbólicamente, un problema de salud para un miembro de la familia.

Organízate: Elimina las estatuas terroríficas o rotas y repara las que estén descuidadas. Coloca figuras entrelazadas o estatuas de cupido para favorecer las relaciones interpersonales. Pon una grulla en el jardín delantero y una tortuga en el patio trasero para fomentar la armonía y la longevidad.

Beneficios generales de ordenar
El patio pierde el aspecto de un vertedero.

Beneficios emocionales de ordenar
El ambiente equilibrado te proporciona serenidad.

Mantenimiento: Límpialas a fondo dos veces al año, y con mayor frecuencia cuando llueve, nieva o graniza.

RESUMEN

¡Enhorabuena! Has empezado con buen pie. Poco a poco, tu patio está tomando forma. Siéntate y admíralo.

Glorioso refugio

PASO 87 OBJETIVOS PARA EL PATIO

✓ Limpiar el estanque.

✓ Retirar las ramas gruesas de los árboles y los troncos caídos.

✓ Ordenar el cobertizo.

✓ Renovar los muebles de jardín.

✓ Podar las ramitas secas o arrancar las flores marchitas o muertas.

✓ Limpiar los desagües obturados.

¿Te sientes satisfecho? Aunque no hayas realizado todas las tareas que habías previsto, si por lo menos has conseguido cumplir tres de los objetivos anteriores, te mereces algunos detalles. Selecciónalos de la lista siguiente o elige los que más te gusten.

Detalles después de ordenar

● Parasol de jardín.

● Farolillos de jardín para las cenas nocturnas.

● Tumbona para disfrutar del sol y de ese modo recargarte de energía.

● Hamaca.

● Barbacoa o nuevos accesorios.

● Hileras de luces distribuidas a lo largo de los senderos para iluminarlos.

PASO 88 TARJETA DE LOS DESEOS

Antes de finalizar el proceso de ordenación, coge una fotocopia de la tarjeta de los deseos de la página 96. Escribe un deseo relacionado con el patio de tus sueños o elige uno de los siguientes:

«Quiero que mi patio sea un oasis de calma.»

«Deseo un patio que sea un refugio mágico.»

«Veo mi patio como un paraíso caribeño.»

«Quiero tener un patio lleno de amigos y risas.»

«Busco un espacio en el que poder meditar y escapar del mundo.»

«Deseo un patio ideal para una cena romántica.»

UN CASO EN LA VIDA REAL

Julie no podía comprender por qué a sus amigos nunca les apetecía organizar una barbacoa en el patio de su casa. Al examinarlo, descubrí que estaba lleno de escombros, un mobiliario de jardín desgastado por las inclemencias del tiempo y rodeado por parterres repletos de malas hierbas. Siguiendo mi consejo, compró muebles nuevos y un atractivo parasol, y cultivó hermosas flores en los parterres. La atmósfera cambió por completo, y muy pronto sus amigos acudieron a visitarla.

El Desorden Emocional

PASO 89 CONFUSIÓN INTERIOR

Responde al cuestionario para averiguar dónde residen tus problemas. Algunos pueden estar arraigados en el subconsciente; ten paciencia mientras desarrollas estos proyectos. Verás lo que puede surgir de las profundidades de tu ser.

● Piensa en tu vida reciente. ¿Experimentas un malestar constante?

● ¿Hay algo que te perturba desde hace ya muchísimo tiempo y que se remonta a los años de tu infancia?

● ¿Te sientes sobrecargado de trabajo y estresado al término de la jornada diaria?

● ¿Te sientes deprimido y no sabes exactamente por qué?

Para sacar el máximo partido de tu vida, debes efectuar una limpieza mental y emocional. Visualiza lo bien que te sentirás cuando hayas solucionado tus problemas.

PASO 90 LIBÉRATE DE LAS PREOCUPACIONES

¿Te sucede a menudo?

✓ Problemas diarios que te intranquilizan.

✓ Estrés ante la posibilidad de sufrir un accidente cuando viajas.

✓ Te sientes nervioso e inquieto día tras día.

Cuando te preocupas constantemente, creas una niebla de negatividad a tu alrededor que apaga la energía y llena tu mente de confusión, impidiendo que veas las cosas con claridad. Pierde la serenidad ante cualquier incidencia sin importancia y tu mente la convertirá en un grave problema. Preocuparse es un hábito desastroso.

Vibraciones curativas: Ordena la mente realizando una meditación «purificadora» al término del día. Concéntrate en los eventos positivos que quieres que sucedan y piensa en todo lo bueno que hay en tu vida.

Beneficios inmediatos
Sensación de alivio y de calma al haber empezado a liberarte de las preocupaciones.

Beneficios a largo plazo
Tienes un enfoque más confiado de la vida y miras al futuro.

Mantenimiento: Elimina el desorden de la mente a diario.

PASO 91 AUTOCRÍTICA

¿Te sucede a menudo?

✔ Te sientes insignificado en público.

✔ Criticas tu imagen exterior.

✔ Estás convencido de que nunca conseguirás el amor de una pareja atractiva.

✔ Sigues necesitando la aprobación de tus padres.

Si eres autocrítico y te sientes indigno de aprecio, tu autoestima está por los suelos. A menudo, esto tiene sus orígenes en la infancia, donde la falta de valoración o aprobación de tus padres pudo haberte obligado a esforzarte para conseguir su cariño y atención.

Vibraciones curativas: Evita ser autocrítico durante un día entero. Limpia el pasado y visualízate a ti mismo, de niño, recibiendo elogios de tus padres. Sitúate a diario frente a un espejo y di: «Te quiero», cómprate ropa nueva y recuérdate constantemente lo atractivo que resulta tu aspecto.

Beneficios inmediatos
Recuperas la confianza en ti mismo y te sientes más feliz al despertarte cada mañana.

Beneficios a largo plazo
Descubres que eres una persona encantadora.

Mantenimiento: Recuérdate a diario lo extraordinario que eres, coloca un rótulo de reafirmación semanal en el espejo del cuarto de baño y repite veinte veces la frase que hayas escrito en él.

PASO 92 SERENAR LA MENTE ANTES DE ACOSTARSE

¿Te sucede a menudo?

✔ Despertarte por la noche recordando algo que deberías de haber hecho en el trabajo.

✔ Ser incapaz de acostarte porque tu mente discurre alocadamente.

✔ Dar vueltas y más vueltas en la cama antes de conciliar el sueño.

✔ Dormir sólo cuatro o cinco horas.

Dormir es el momento en el que tu cuerpo y tu mente pueden desconectar del trasiego diario, proporcionándote una absoluta relajación y revitalización. Si la mente aún está llena del ajetreo diario, perturbará la pauta normal del sueño y te despertarás cansado e irritable.

Vibraciones curativas: Toma un baño relajante y añade al agua unas cuantas gotas de aceite esencial de lavanda, visualizando cómo se desvanecen las preocupaciones diarias. Escribe las cosas que tienes que hacer antes de acostarte y crea un ambiente de sosiego con una suave música.

Beneficios inmediatos
Te sientes en calma y libre de tensiones antes de acostarte.

Beneficios a largo plazo
La mente relajada te permite dormir mejor.

Mantenimiento: Relájate cada día antes de acostarte para poder disfrutar de un sueño reparador.

PASO 93 EX PAREJAS

¿Te sucede a menudo?

✔ Hay fotografías de tus ex parejas por todas partes.

✔ Siempre estás comparando a tus nuevas parejas con las anteriores.

✔ Rememorar las relaciones pasadas.

Si estás rodeado de fotos de tus ex parejas, hablas constantemente de ellas o recuerdas alguna experiencia que compartiste, estás fortaleciendo tus lazos de unión con ellas, y esto impide que una nueva persona entre en tu vida. Está muy bien recordar los buenos tiempos, pero aquellas relaciones forman parte del pasado. Ahora tienes que vivir el presente.

Vibraciones curativas: Retira las fotografías de antiguas parejas y guarda unas cuantas en tu caja de recuerdos (véase p. 39). Para romper las ataduras que te unen a una ex pareja, visualiza el vínculo que te mantiene unido a ella como si se tratara de un cordón que luego cortas con unas tijeras. Di: «Te libero para que seas feliz con otra persona».

Beneficios inmediatos
Te sientes libre al desasirte del pasado.

Beneficios a largo plazo
Cortas el vínculo con parejas anteriores y dejas las puertas abiertas para que entre otra nueva.

Mantenimiento: Entristécete cuando una relación sentimental llega a su fin, pero luego limpia la mente y sigue caminando con paso firme.

PASO 94 RELACIÓN QUE SE DETERIORA

¿Te sucede a menudo?

✓ Discutes constantemente con tu pareja.

✓ Te sientes menospreciado y criticado.

✓ No os comunicáis bien; ausencia de vida sexual.

Para que una relación triunfe, debe existir una perfecta comunicación a todos los niveles. Si ésta se ha roto, el menor desacuerdo puede desembocar en un disgusto, y si esta situación no se soluciona de inmediato, la pareja se distancia. A su vez, vuestra energía dejará de estar sintonizada y la intimidad de la que disfrutabais se puede evaporar.

Vibraciones curativas: Comenta con tu pareja lo que va mal y qué podríais hacer para resolverlo. En caso de que las discrepancias sean muy profundas, acudid a un consejero para averiguar si la relación se puede salvar.

Beneficios inmediatos
Te sientes mejor al poder analizar juntos los problemas.

Beneficios a largo plazo
Trabajas para mejorar la relación. Sólo el tiempo os dirá si se puede sobrevivir.

Mantenimiento: Habla de los problemas tan pronto como surjan. No dejes que se afiancen y os distancien.

PASO 95 VAMPIROS DE ENERGÍA

¿Te sucede a menudo?

✓ Los amigos te llaman por la noche para comentarte sus problemas.

✓ Te asusta la idea de escuchar el contestador telefónico.

✓ Tus amigos reflejan una parte de ti.

Es muy fácil identificar a los vampiros de energía. Son amigos cuyas largas conversaciones telefónicas pueden asfixiarte. Más tarde te das cuenta de que no se han interesado lo más mínimo en tus problemas. Ten cuidado, podrían reflejar una parte de ti. Es posible que fueras así en el pasado, pero has cambiado y ya no te interesan en absoluto las conversaciones unilaterales y a menudo negativas.

Vibraciones curativas: Limita el horario de recepción de llamadas, y cuando lo hagan, sé sincero y diles lo que piensas. Si la relación de amistad concluye, explica tus razones y mira al frente. A medida que vas evolucionando, tu energía cambia, y también tus amigos.

Beneficios inmediatos
Te sientes menos débil y recuperas la energía.

Beneficios a largo plazo
Te rodeas de gente que te nutre.

Mantenimiento: Examina tu comportamiento si te sientes tentado de «llorar en el hombro» de tus amigos. Asimismo, ten cuidado con los nuevos amigos que te llaman para comentarte única y exclusivamente sus problemas.

PASO 96 MIEDOS IRRACIONALES

¿Te sucede a menudo?

✔ Preocupaciones tales como no cerrar la puerta con llave al salir de casa o que se incendie cuando estás de vacaciones.

✔ Pensar constantemente en que enfermarás gravemente.

✔ Estar convencido de que vas a sufrir un accidente de circulación.

Hoy en día, la mayoría de nosotros somos conscientes de que si pensamos en positivo acerca de los acontecimientos, conseguiremos que se produzcan. Pero esto también tiene un lado negativo: espera lo peor y al final ocurrirá. Todos tenemos el poder de crear nuestra propia realidad. Procura que sea alegre y feliz.

Vibraciones curativas: Concéntrate en el lado positivo de las cosas. En lugar de preocuparte por una enfermedad potencial, di: «Mi vida es un pozo de salud y felicidad». Ten confianza al conducir o al salir de casa. Piensa: «Mi casa estará a salvo mientras estoy de vacaciones».

Beneficios inmediatos
Empiezas a sentirte bien contigo mismo y con tu vida.

Beneficios a largo plazo
Poco a poco te liberas de las pautas negativas en tu vida.

Mantenimiento: Si te preocupas por un evento futuro, visualízate superando todos los obstáculos.

PASO 97 MALESTAR INTERIOR

¿Te sucede a menudo?

✔ Depresión y/o ansiedad.

✔ Sentimiento de culpabilidad o rencor.

✔ Estás irritable y siempre te haces el mártir.

No siempre nos sentimos orgullosos de nuestro enojo, cuando en realidad se trata de una energía apasionada que cuando fluye nos hace personas más seguras de sí mismas. Si lo suprimimos, nos inundará, transformándose con frecuencia en ansiedad, irritabilidad e impotencia. Hay que liberarlo o, con el tiempo, se puede convertir en una causa de mala salud en general.

Vibraciones curativas: Manifiesta tu enojo. Expresa por escrito el problema que te acucia o escribe una carta a la persona implicada para poner fin a vuestras discrepancias. También puedes liberar tu ira liándote a puñetazos con un cojín y gritando lo que tanto te preocupa. Afronta las emociones y comunica tus sentimientos a la persona interesada. No te lo guardes para ti mismo; sólo provoca rencor y no soluciona el problema.

Beneficios inmediatos
Te sientes más libre al liberarte del enojo.

Beneficios a largo plazo
El rencor interior desaparece y expresas tus sentimientos.

Mantenimiento: Libera la ira tan pronto como te invada para limpiar la atmósfera y no empeorar las cosas.

PASO 98 AUTOLIMITACIONES

¿Te sucede a menudo?

✔ No consigues lo que deseas en la vida.

✔ No crees en tu valía personal.

Muchos de nosotros tenemos una especie de programación interior que impide desarrollarnos en todo nuestro potencial. A menudo se trata de una duda personal, esa vocecita interior que nos atenaza y obstaculiza en nuestra profesión y nuestras relaciones. Modifica tu programa e imprime un giro a tu vida.

Vibraciones curativas: Esfuérzate por eliminar tus dudas personales. Por ejemplo, en el caso de un nuevo empleo, visualiza una entrevista satisfactoria y luego imagínate firmando el contrato y sentado en tu despacho en el lugar de trabajo. Si deseas un coche deportivo, visualízalo aparcado frente a la puerta de tu casa. Imagina el color y el modelo, y a continuación, visualízate sentado al volante. Siente la emoción que te embarga. Recuerda, mientras visualizas, que debes creer realmente que tu deseo se hará realidad.

Beneficios inmediatos
Empiezas a sentir cuán fácil es cumplir pequeños objetivos.

Beneficios a largo plazo
Te sorprende la cantidad de objetivos que has conseguido alcanzar.

Mantenimiento: Borra de tu vocabulario las palabras «No soy capaz», y recuerda que sólo tú puedes establecer las pautas de cómo quieres que sea tu vida.

PASO 99 PAUTAS DE LA INFANCIA

¿Te sucede a menudo?

✓ Repites constantemente situaciones negativas.

✓ Muestras actitudes fijas.

✓ Creencias que te impiden mirar al futuro.

Sin darnos cuenta, nuestras creencias, tanto positivas como negativas, se filtran en el subconsciente desde la infancia. Sin embargo, son las negativas las que arraigan en nuestro «niño interior» y nos impiden progresar en la vida. Así, por ejemplo, si te retroalimentas una y otra vez con creencias negativas tales como «Nunca serás atractivo para el sexo opuesto» o «Siempre tendrás que trabajar duro para ganar dinero», estos conceptos recalan en tu psique y se manifestarán en toda su plenitud en la vida adulta. Debes abandonar estas creencias para sentirte mejor.

Vibraciones curativas: Supera las creencias negativas mediante la meditación. Debes contactar con el niño que habita en tu interior. Visualízate a los seis años en la casa en la que vivías. Hablando con el niño y entablando una relación de amistad con él descubrirás las creencias que te retienen en la actualidad. Veamos un ejemplo. Jess se dio cuenta de que, subconscientemente, siempre tuvo la sensación de que sus padres lo abandonarían. Al visitar a su niño interior, descubrió que su padre siempre había querido más a su hermana mayor. Esta herida y traición le había acompañado en su vida adulta, pues siempre daba por sentado que los hombres la abandonarían. Cualquiera que sea lo que te diga el niño interior, repite la visualización con regularidad para observar su conducta y desarrollar positivamente cualquier interacción que te haya dolido. Para sanar las creencias negativas, Jess visitó mil veces a su niño interior, recreando situaciones en las que era objeto del amor de su padre (su pequeña princesa) para invertir esta pauta adulta.

Beneficios inmediatos
Alivio al descubrir por qué repites determinadas pautas.

Beneficios a largo plazo
Un maravilloso sentimiento de liberación al empezar a invertir las creencias negativas.

Mantenimiento: Trabaja a menudo con esta parte interior de ti con el fin de solucionar los problemas profundamente arraigados.

RESUMEN

Siéntete satisfecho por todo cuanto hayas logrado. Estás en el buen camino para ser una persona mejor y más equilibrada.

Liberación espiritual

PASO 100 OBJETIVOS PARA EL DESORDEN EMOCIONAL

✓ Preocuparse menos.

✓ Liberarse ae las relaciones pasadas.

✓ Ser menos autocrítico.

✓ Liberarse de los problemas antes de acostarte.

✓ Confrontar a los amigos que absorben la energía.

✓ Expresar el enojo.

✓ Erradicar los viejos miedos.

✓ Trabajar las pautas de la infancia.

✓ Afrontar los problemas con la pareja.

✓ Ser consciente de las autolimitaciones.

Si has trabajado duro en tu crecimiento como persona y has conseguido un mínimo de cinco de los objetivos anteriores, te mereces algunos detalles. Selecciónalos de la lista siguiente o elígelos a tu gusto.

Detalles después de la limpieza emocional

● Libro de autodesarrollo para seguir progresando emocionalmente.

● CD de música relajante.

● Masaje corporal para liberar la tensión y el estrés.

● Clases de meditación para aprender a practicar la técnica con eficacia.

● Espray aromático para limpiar el aura y el dormitorio antes de acostarte, o llenar de agua una botella en espray y añadir unas gotas de aceite esencial de lavanda.

● Tratamiento a base de hierbas medicinales para acelerar la limpieza mental.

PASO 101 TARJETA DE LOS DESEOS

A medida que vayas trabajando en tu «yo» emocional, coge una fotocopia de la tarjeta de los deseos de la página 96 y escribe un deseo relacionado con la persona que te gustaría llegar a ser. Elige una de las frases siguientes o redáctala tú mismo.

«Quiero ser una persona feliz y alegre.»

«Merezco una relación amorosa llena de armonía.»

«Tengo un círculo de amigos maravillosos.»

«Ya no estoy limitado por viejas creencias.»

«Me he liberado de todos mis miedos.»

«Puedo conseguir cuanto me proponga.»

UN CASO EN LA VIDA REAL

James trabajaba muchas horas al día y su vida familiar se resentía. Cansado finalmente de empeñarse en rendir más que los demás y persuadido por su esposa para que meditara y averiguara qué le impulsaba a hacerlo, descubrió que sus padres deseaban hacer realidad sus sueños a través de su persona, hasta el punto de que nada de lo que hacía en la infancia les había parecido suficiente. Gracias a la meditación recorrió de nuevo los escenarios de su infancia, en la que nunca había conseguido ser el primero de la clase o ganar una carrera, pero esta vez imaginó que se sentía satisfecho de lo que había conseguido. Poco a poco, empezó a liberarse de sus tendencias adictivas al trabajo.

¿Qué Tal lo Has Hecho?

En esta sección del libro, identificarás tu grado de desorden personal completando los cuestionarios y trazando el plano de las habitaciones de tu casa.

Responde, ante todo, a los cuestionarios incluidos en las secciones «El recibidor», «El despacho doméstico», «El jardín», «El patio» y «El desorden emocional» para localizar los espacios sobrecargados y averiguar dónde se acumula el caos o qué problemas interiores te están impidiendo desarrollar tu pleno potencial. A continuación, analiza los planos de muestra de las páginas 70-79 y 82-83, que indican los espacios más probables en los que se suelen concentrar los montones de cosas y que inhiben el flujo positivo de la energía a través de las salas. Ahora dedica algún tiempo a trazar el plano de las habitaciones de tu casa con a ayuda de las páginas cuadriculadas y descubre el emplazamiento de los puntos calientes de desorden. Cuando sepas en qué áreas reside el problema, decide por dónde empezar a ordenarlas siguiendo los proyectos del libro y añadiendo cualquiera que sea específica para tu casa.

Trazado de planos

Cuando traces un plano del recibidor u otra habitación, no tiene por qué ser a escala. Dibuja la forma y señala la posición del mobiliario y demás accesorios, marcando con una «x» en rotulador rojo donde se haya acumulado un exceso de cosas. Luego traza el primer flujo de chi con un bolígrafo de color, empezando por la puerta, indicando cómo circula por la habitación con una trayectoria en espiral hasta salir por la ventana. Acto seguido, con un bolígrafo de otro color, dibuja la energía chi entrando por la misma ventana u otra próxima a la misma y traza su flujo alrededor de la habitación hasta salir por la puerta. En el recibidor muestra dos flujos de chi entrando por la puerta, uno subiendo por las escaleras (si las hay) y otro continuando por el pasillo. De este modo verás con claridad hasta qué punto el desorden está obstaculizando el flujo de energía en esta área, y serás capaz de identificar los lugares que requieren una acción urgente.

¿Hasta qué punto está desordenada tu casa?

Responde a este cuestionario para averiguar si el desorden se ha adueñado de tu casa.　　**SÍ　NO　A VECES**

1 ¿Te sientes abrumado por el desorden al entrar en casa?

En tal caso, indica a continuación las cosas que contribuyen al caos reinante en el recibidor:

❶ _____   **❷** _____
❸ _____   **❹** _____
❺ _____   **❻** _____
❼ _____   **❽** _____
❾ _____   **❿** _____

2 ¿Te molesta el desorden de la casa pero eres incapaz de poner manos a la obra para eliminarlo?

3 ¿Compras continuamente nuevos objetos que en realidad no necesitas?

4 ¿Tienes la casa repleta de pertenencias heredadas?

En tal caso, indica a continuación cuáles son:

❶ _____   **❷** _____
❸ _____   **❹** _____
❺ _____   **❻** _____
❼ _____   **❽** _____
❾ _____   **❿** _____

5 ¿Te empeñas en conservar equipo o pertenencias inútiles porque crees que podrías necesitarlos alguna vez?

6 ¿Eres bastante organizado pero convives con alguien que es incapaz de tirar nada?

7 ¿Encuentras las llaves y el teléfono móvil con facilidad cada mañana?

8 ¿El desván se ha convertido en un vertedero de cosas que no usas u objetos del pasado?

9 ¿Compras equipo de ejercicio físico de última tecnología pero no tardas en perder interés y lo arrinconas en cualquier parte?

10 ¿Tus hijos imitan tu hábito de acumular cosas y se muestran reacios a deshacerse de alguno de sus juguetes?

11 ¿Has traído cajas de tu casa anterior y nunca las has abierto?

12 ¿Hay carpetas de archivo amontonadas que contienen extractos bancarios o de tarjetas de crédito de hace más de cinco años?

13 ¿Guardas algunas de tus cosas almacenadas en el desván de tus padres?

14 ¿Tu dormitorio está tan sobrecargado que te deprimes cada vez que entras en él?

En tal caso, enumera las áreas desordenadas:

❶ _____   **❷** _____
❸ _____   **❹** _____
❺ _____   **❻** _____
❼ _____   **❽** _____
❾ _____   **❿** _____

15 ¿Regalas o tiras regularmente las prendas de vestir que no te pones?

16 ¿Tu cuarto de baño está realmente sobresaturado de productos de belleza e higiene personal?

17 ¿Estás resuelto a deshacerte de todas las cosas inservibles pero te asusta la idea de perder sus cualidades «protectoras»?

18 ¿Te sientes deprimido o falto de vitalidad a causa del caos que reina en tu casa?

	SÍ	NO	A VECES

19 Cierra los ojos y visualiza cómo te sentirías si alguna de las áreas desordenadas de tu casa estuviera aseada. ¿Alivio? ¿Satisfacción?

20 Ahora cierra los ojos y visualiza tu casa aseada y ordenada con módulos de almacenaje. ¿Te sentirías más seguro de ti mismo?

21 ¿Te resulta difícil deshacerte de las pertenencias sentimentales?

En tal caso, indica cuáles son:

❶ _____ **❷** _____
❸ _____ **❹** _____
❺ _____ **❻** _____
❼ _____ **❽** _____
❾ _____ **❿** _____

22 ¿Realizas una limpieza a fondo cada seis meses para desembarazarte de las cosas que no utilizas?

23 ¿Tiras el correo basura de inmediato y abres el correo diario para verificar los extractos bancarios o facturas?

24 ¿Sueles pedir a los miembros de tu familia que limpien con regularidad?

25 ¿Te desplazas fácilmente por la sala de estar?

En tal caso, enumera qué cosas ocupan un espacio innecesario en esta área:

❶ _____ **❷** _____
❸ _____ **❹** _____
❺ _____ **❻** _____
❼ _____ **❽** _____
❾ _____ **❿** _____

26 ¿Has ordenado los vídeos y DVD en una rejilla o armario destinado a tal efecto?

27 ¿Guardas sistemáticamente todas las fotos que has tomado?

28 ¿Es difícil distinguir las encimeras de la cocina a causa de tanto electrodoméstico?

En tal caso, indica a continuación lo que guardas en las encimeras:

29 ¿Esperas a que el fregadero rebose de cacharros sucios antes de vaciarlo?

30 ¿Tienes innumerables recetarios de cocina que nunca usas?

PUNTUACIÓN

Anota dos puntos por cada «Sí», uno por cada «A veces» y cero por cada «No».

40-60
EL desorden parece haber invadido tu casa e influye en tu estado de ánimo, minando tus niveles de energía y obstaculizando tu progreso. Observa detenidamente las áreas que te están causando problemas y programa inmediatamente las tareas necesarias para empezar a organizarlas siguiendo los pasos de los siete proyectos de las páginas 10-41. Estás a punto de erradicar el desorden en tu vida.

20-39
No vives bajo una ingente masa de desorden, pero la situación está empezando a irritarte. Si no pones manos a la obra de inmediato, empeorará e influirá negativamente en tu vida privada. Concéntrate en las áreas más desordenadas siguiendo los pasos de las páginas 10-41.

19 o menos
El desorden no es un problema, pero podría incrementarse con facilidad. Actúa preventivamente antes de empezar a perder el control. Busca rincones sospechosos y luego sigue los pasos de los siete proyectos de las páginas 10-41.

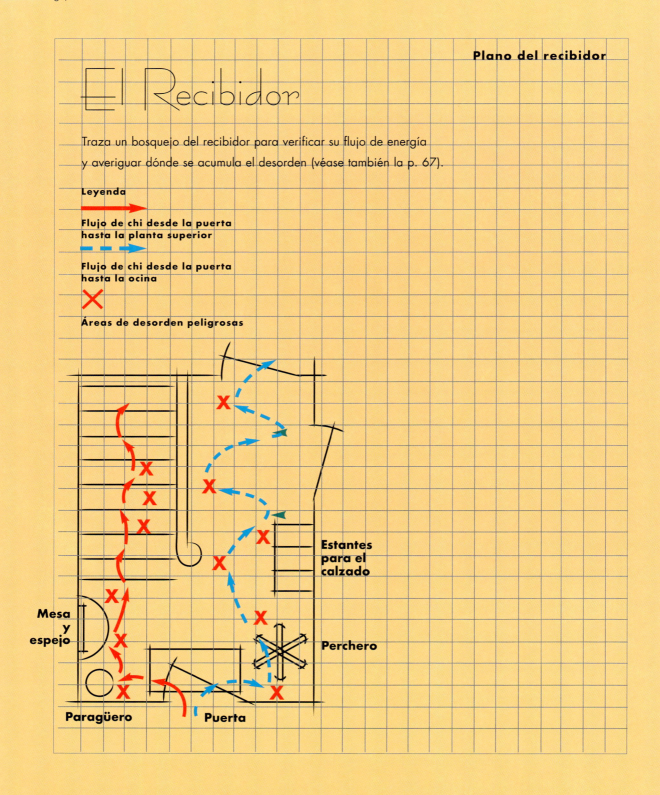

Plano del recibidor

El Recibidor

Traza un bosquejo del recibidor para verificar su flujo de energía y averiguar dónde se acumula el desorden (véase también la p. 67).

Leyenda

Flujo de chi desde la puerta hasta la planta superior

Flujo de chi desde la puerta hasta la ocina

Áreas de desorden peligrosas

Estantes para el calzado

Mesa y espejo

Perchero

Paragüero

Puerta

Plano de tu cocina

La Cocina

Traza un bosquejo de la cocina para verificar su flujo de energía y averiguar dónde se acumula el desorden (véanse también las pp. 67 y 72).

La Sala de Estar

Traza un bosquejo de la sala de estar para averiguar dónde se acumula el desorden así como el flujo de chi (véase también la p. 67).

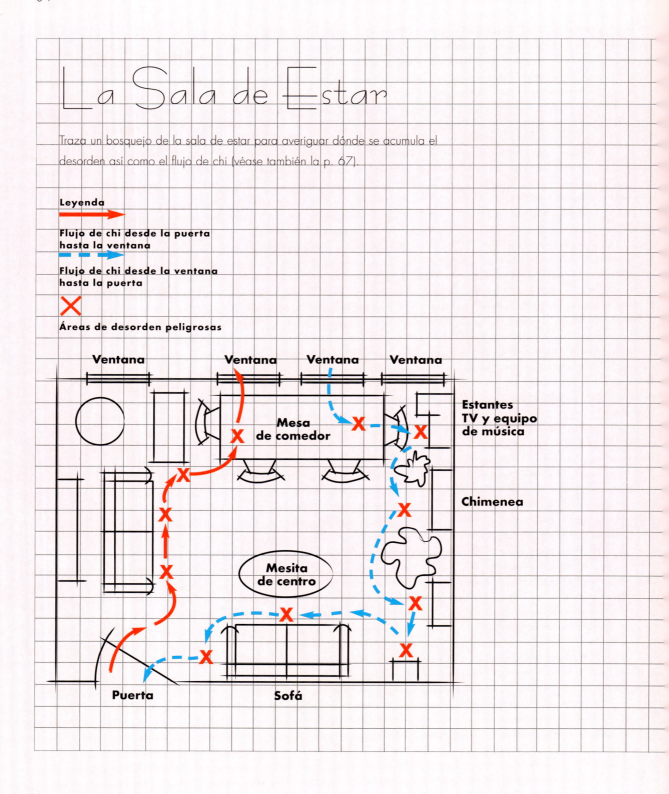

Leyenda

Flujo de chi desde la puerta hasta la ventana

Flujo de chi desde la ventana hasta la puerta

Áreas de desorden peligrosas

Ventana   Ventana   Ventana   Ventana

Estantes
TV y equipo
de música

Mesa
de comedor

Chimenea

Mesita
de centro

Puerta   Sofá

Plano de tu sala de estar

El Dormitorio

Traza un bosquejo del dormitorio del mismo estilo que en el ejemplo inferior, indicando dónde se acumula el desorden y cómo fluye el chi (véanse también las pp. 67 y 72).

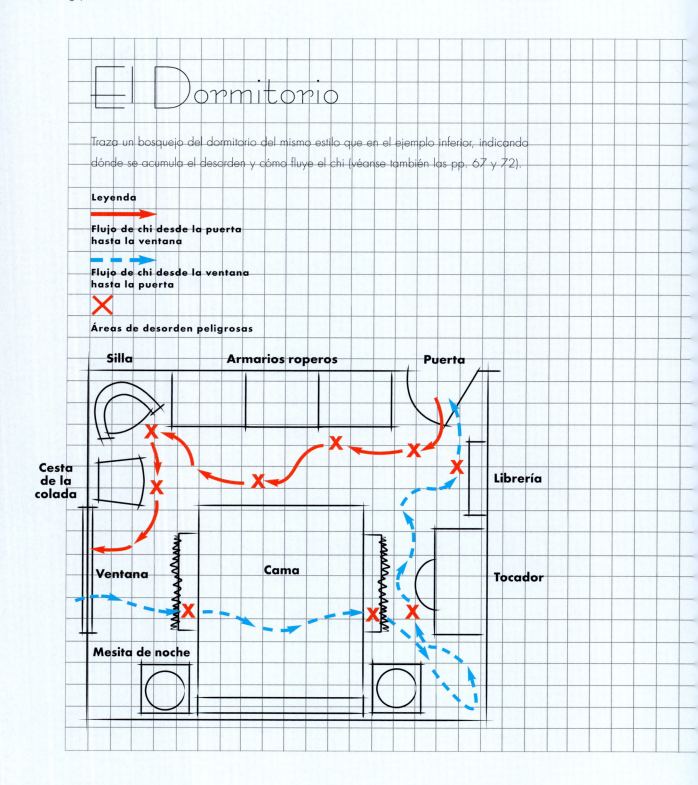

Leyenda

Flujo de chi desde la puerta hasta la ventana

Flujo de chi desde la ventana hasta la puerta

Áreas de desorden peligrosas

Silla

Armarios roperos

Puerta

Cesta de la colada

Librería

Ventana

Cama

Tocador

Mesita de noche

Plano de tu dormitorio

El Dormitorio Infantil

Traza un bosquejo del dormitorio infantil y el de invitados para averiguar el flujo de chi y dónde se oculta el desorden (véanse pp. 67 y 72).

Leyenda

Flujo de chi desde la puerta hasta la ventana

Flujo de chi desde la ventana hasta la puerta

Áreas de desorden peligrosas

Plano de tu dormitorio infantil

El Cuarto de Baño

Levanta el plano del cuarto de baño según se ilustra a continuación, señalando

las áreas de desorden y el flujo de chi (véanse también las pp. 67 y 72).

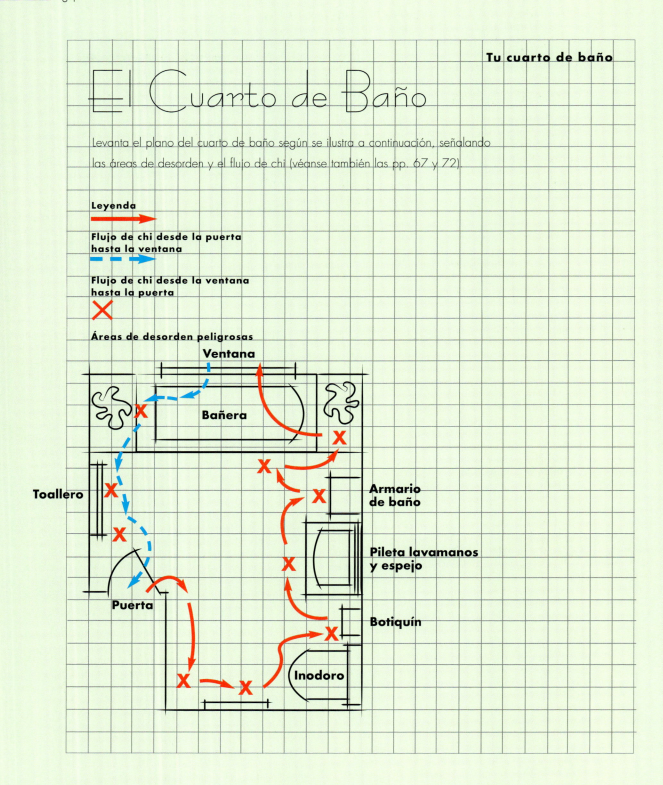

Leyenda

Flujo de chi desde la puerta
hasta la ventana

Flujo de chi desde la ventana
hasta la puerta

Áreas de desorden peligrosas

Ventana

Bañera

Toallero

**Armario
de baño**

**Pileta lavamanos
y espejo**

Puerta

Botiquín

Inodoro

Plano del Desván

Levanta un plano del desván para averiguar dónde se acumula el desorden y obstaculiza el flujo de energía. Traza sólo un flujo de chi, desde la puerta y circulando alrededor de los obstáculos en el sentido de las manecillas del reloj y saliendo de nuevo del área (véanse pp. 67 y 72).

¿Está muy desordenado el despacho doméstico?

Responde a este cuestionario para averiguar si estás trabajando en una área desastrosa.

SÍ   NO   A VECES

1 ¿Se te encoge el corazón al entrar en tu espacio de trabajo por el desorden que impera?

2 ¿Influye negativamente en tu empleo el hecho de trabajar en una atmósfera caótica?

3 ¿Sufres continuos dolores de cabeza o te sientes tenso?

4 Si cierras los ojos e imaginas tu despacho bien ordenado, ¿te sientes mejor?

5 ¿Tu despacho está lleno de equipo y papeleo?

En tal caso, indica de qué se trata:

❶ _____   ❷ _____
❸ _____   ❹ _____
❺ _____   ❻ _____
❼ _____   ❽ _____
❾ _____   ❿ _____

6 ¿Ha sido idea tuya amontonar el papel en el suelo?

7 ¿Guardas equipo roto o que no funciona como es debido?

8 ¿Tienes siempre la papelera llena a rebosar?

9 ¿Tu escritorio está saturado de correspondencia, archivos y notas?

En tal caso, indica lo que hay en tu escritorio en este momento:

❶ _____   ❷ _____
❸ _____   ❹ _____
❺ _____   ❻ _____
❼ _____   ❽ _____
❾ _____   ❿ _____

10 ¿Ordenas y limpias el escritorio cada noche?

11 Cuando alguien te llama haciendo referencia a una carta que te envió, ¿tardas una eternidad en encontrarla?

12 ¿Tienes un método regular (semalmente/mensualmente) para pagar las facturas?

13 ¿Tropiezas siempre con montones de archivos y libros?

En tal caso, indica lo que hay alrededor de tu escritorio en este momento:

❶ _____   ❷ _____
❸ _____   ❹ _____
❺ _____   ❻ _____
❼ _____   ❽ _____
❾ _____   ❿ _____

14 ¿Te resulta difícil encontrar los números de teléfono actuales en la agenda porque los vas tachando a medida que van cambiando?

15 ¿Tus archivos de carpetas están repletos de material?

En tal caso, indica qué tipo de archivos contienen (actuales o de hace varios años):

		SÍ	NO	A VECES

❶ _____ ❷ _____
❸ _____ ❹ _____
❺ _____ ❻ _____
❼ _____ ❽ _____
❾ _____ ❿ _____

16 ¿El ordenador tarda siglos en descargar archivos porque el disco duro está demasiado lleno?

17 ¿Guardas más de cien e-mails en tu bandeja de mensajes?

18 ¿Hay programas en el ordenador que están desfasados o que nunca usas?

En tal caso, enuméralos:

❶ _____ ❷ _____
❸ _____ ❹ _____
❺ _____ ❻ _____
❼ _____ ❽ _____
❾ _____ ❿ _____

19 ¿El tablón de corcho del escritorio está repleto de tarjetas antiguas y números de teléfono?

20 ¿El cajón/armario de material de oficina está lleno de papel sin utilizar o equipo roto o que no usas?

En tal caso, indica de qué se trata:

❶ _____ ❷ _____
❸ _____ ❹ _____
❺ _____ ❻ _____
❼ _____ ❽ _____
❾ _____ ❿ _____

21 ¿Guardas montones de viejos libros y revistas de consulta en los estantes?

22 ¿Guardas documentos contables de hace más de quince años?

23 ¿Funciona mal la impresora, pero ni te molestas en repararla?

24 ¿Dispones de una carpeta o bandeja de «temas pendientes» que apenas revisas?

25 ¿Has advertido que el nuevo trabajo ha menguado desde que tu despacho está desordenado?

PUNTUACIÓN

Anota dos puntos por cada «Sí», uno por cada «A veces» y cero por cada «No».

35-50
El espacio de despacho está fuera de control y el desorden está influyendo negativamente en tu forma de trabajar y tu credibilidad en la oficina. Analiza detenidamente las áreas más desordenadas y sigue los pasos del proyecto «El despacho doméstico» (véanse pp. 42-47).

20-34
No vives literalmente enterrado bajo papel, pero se está acumulando con rapidez; establece algún sistema de procesado antes de perder el combate. Aborda los agujeros negros y sigue los pasos del proyecto «El despacho doméstico» (véanse pp. 42-47).

19 o menos
Antes de sentirte demasiado satisfecho con esta baja puntuación, recuerda que el desorden está siempre al acecho. Reorganiza todos los «puntos calientes» potenciales y sigue los pasos del proyecto «El despacho doméstico» (véanse pp. 42-47).

El Despacho Doméstico

Levanta un plano de tu despacho como el que se ilustra a continuación,
señalando cómo afecta el desorden al flujo de chi (véanse pp. 67 y 72).

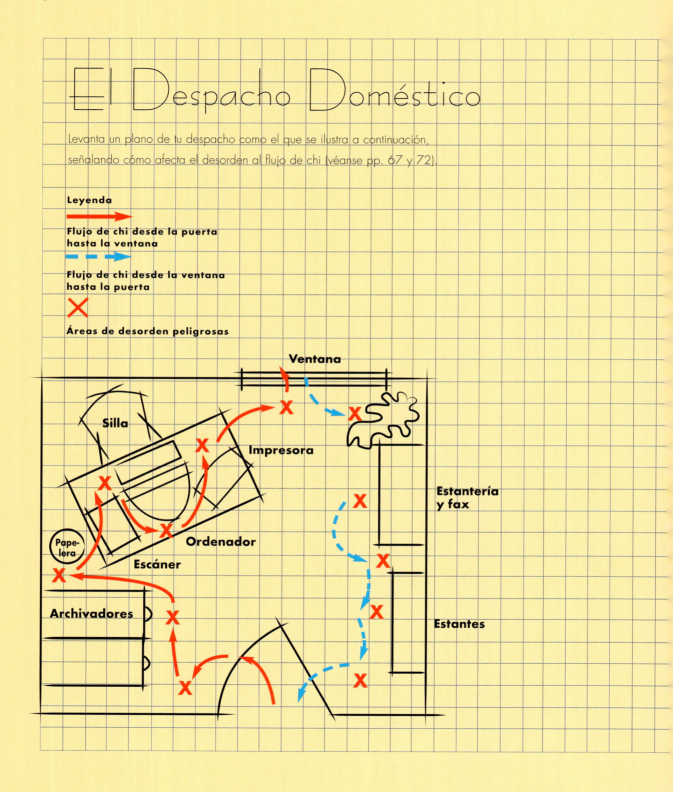

Leyenda

**Flujo de chi desde la puerta
hasta la ventana**

**Flujo de chi desde la ventana
hasta la puerta**

Áreas de desorden peligrosas

Ventana

Silla

Impresora

**Estantería
y fax**

**Pape-
lera**

Ordenador

Escáner

Estantes

Archivadores

Plano de tu despacho doméstico

¿Está muy desordenado el patio/jardín?

Responde a este cuestionario para averiguar si tu patio o jardín es un espacio caótico.

	SÍ	NO	A VECES

1 ¿Está cubierto de moho y abundan las losas rotas en el sendero?

2 ¿Te resulta difícil llegar hasta la puerta porque los arbustos han crecido demasiado?

3 ¿Te deprimes al caminar por un patio o jardín tan descuidado?

4 Visualiza cómo sería tu espacio perfecto, con el césped bien segado, un área destinada a barbacoa y parterres floridos. ¿Te sentirías mejor?

5 ¿Tu jardín es una especie de guarda-todo?

En tal caso, detalla lo que guardas en él:

❶ _____   ❷ _____
❸ _____   ❹ _____
❺ _____   ❻ _____
❼ _____   ❽ _____
❾ _____   ❿ _____

6 ¿Te asusta entrar en el cobertizo a causa del terrible desorden que reina en él?

En tal caso, indica qué guardas en el cobertizo:

❶ _____   ❷ _____
❸ _____   ❹ _____
❺ _____   ❻ _____
❼ _____   ❽ _____
❾ _____   ❿ _____

7 ¿Están oxidadas las herramientas de jardinería?

8 ¿Te avergüenza invitar a tus amigos al patio o jardín?

9 ¿Está lleno de malas hierbas el patio o jardín?

10 ¿Dejas que la hierba te llegue hasta la rodilla antes de decidirte a cortarla?

11 ¿Algunas partes del patio o jardín están en mal estado de conservación?

En tal caso, enuméralas:

❶ _____   ❷ _____
❸ _____   ❹ _____
❺ _____   ❻ _____
❼ _____   ❽ _____
❾ _____   ❿ _____

12 ¿Nunca invitas a los amigos a una barbacoa porque el patio es impracticable?

13 ¿Suelen estar constantemente obturados los desagües?

14 ¿Hay muchas macetas rotas apiladas en el patio?

15 ¿Te sientes inseguro porque la pared que separa tu casa de la de los vecinos se está derrumbando?

16 ¿Quedan restos de material de las últimas obras de hace meses o años?

SÍ   NO   A VECES

17 Si tienes un estanque, ¿está muy descuidado?

En tal caso, indica lo que contiene:

❶ _____ ❷ _____
❸ _____ ❹ _____
❺ _____ ❻ _____
❼ _____ ❽ _____
❾ _____ ❿ _____

18 ¿Tus plantas o verduras están afectadas por plagas de jardín?

19 ¿Sueles guardar los viejos frigoríficos, lavadoras, etc., en el patio o jardín?

20 ¿Has perdido la manguera de riego o la regadora está inservible?

21 ¿Sueles descuidar las flores marchitas o hay montones de hojas secas por doquier?

22 ¿Están rotos, oxidados o inutilizables tus muebles de jardín?

En tal caso, enuméralos, señalando los problemas que te crea:

❶ _____ ❷ _____
❸ _____ ❹ _____
❺ _____ ❻ _____
❼ _____ ❽ _____
❾ _____ ❿ _____

23 ¿Se quejan a menudo de la verja rota los repartidores de supermercado?

24 ¿Estás planificando constantemente cuidar el jardín o asear el patio pero nunca pones manos a la obra?

25 ¿Hay árboles podridos o muertos en el jardín?

PUNTUACIÓN

Anota dos puntos por cada «Sí», uno por cada «A veces» y cero por cada «No».

35-50
Corres el peligro de no encontrar el camino hasta el patio, jardín o cobertizo. Drenará tu energía si dejas esta área tal cual está. Confecciona una lista de «puntos calientes» prioritarios y sigue los pasos de los proyectos «El jardín» y «El patio» de las páginas 48-59 para restaurar la armonía y el equilibrio en lo que debe ser un remanso de paz.

20-34
El patio o jardín no es un completo amasijo de hierbajos o plantas marchitas, pero está en camino. Corta por lo sano y empieza con las áreas más deterioradas. Sigue los pasos de los proyectos «El jardín» y «El patio» de las páginas 48-59.

19 o menos
¡Enhorabuena! Tu puntuación ha sido francamente baja, pero no te confíes. Tu patio o jardín puede parecer un cielo en estos momentos, pero unos pocos días de lluvia lo pueden convertir en una jungla. Presta atención a las áreas más descuidadas y sigue los pasos apropiados de los proyectos «El jardín» y «El patio» de las páginas 48-59.

El Jardín
y el Patio

Dibuja los planos del jardín y del patio de tu casa, señalando, al igual que en el desván, un solo flujo de chi desde la puerta, circulando por el patio en una trayectoria circular hasta salir por la misma puerta (véase p. 72). Indica todo el desorden, incluidos los arbustos que han crecido demasiado, las malas hierbas, los árboles muertos o marchitos, los estanques descuidados y las macetas rotas.

Leyenda

Flujo de chi desde la puerta hasta la ventana

Flujo de chi desde la ventana hasta la puerta

Áreas de desorden peligrosas

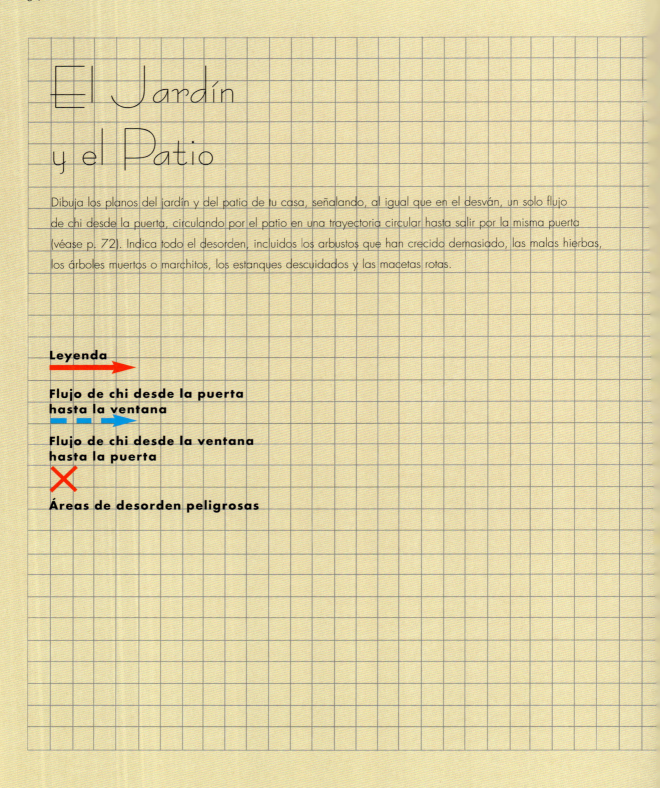

Plano de tu jardín/patio

Plano de tu jardín/patio

¿Qué te molesta?

Responde a este cuestionario para averiguar qué áreas emocionales necesitan atención.

	SÍ	NO	A VECES

1 ¿Careces de falta de confianza o autoestima?

2 ¿Te disgusta hacer cambios en tu vida?

3 ¿Temes muchos aspectos de tu vida?

En tal caso, indica cuáles son:

❶ Soledad　　　　　　❷ _____

❸ amor　　　　　　　❹ _____

❺ abandono　　　　　❻ _____

❼ _____　　　　　❽ _____

❾ _____　　　　　❿ _____

4 ¿Te enojas a menudo por nimiedades?

5 ¿Tienes la sensación de que los sucesos de tu infancia están obstaculizando tu progreso en la vida?

En tal caso, detalla cuáles son:

❶ relaciones distructivas　❷ _____

❸ a a　　　　　　　　❹ _____

❺ ignorancia mutra,　❻ _____

❼ _____　　　　　❽ _____

❾ _____　　　　　❿ _____

6 ¿Tienes muchos amigos que te usan a modo de *sparring* emocional?

7 ¿Te preocupa relacionarte bien con los demás?

En tal caso, especifica estas preocupaciones:

❶ _____　　　　　❷ _____

❸ _____　　　　　❹ _____

❺ _____　　　　　❻ _____

❼ _____　　　　　❽ _____

❾ _____　　　　　❿ _____

8 ¿Te resulta difícil liberarte de los vínculos que te unían a tus ex parejas?

9 ¿Tienes la sensación de atraer a las parejas ideales?

10 ¿Mantienes una mala relación porque te sientes incapaz de afrontar la situación por ti mismo?

En tal caso, indica por qué crees que no puedes con todo tú solo:

❶ _____　　　　　❷ _____

❸ _____　　　　　❹ _____

❺ _____　　　　　❻ _____

❼ _____　　　　　❽ _____

❾ _____　　　　　❿ _____

11 ¿Repites las mismas pautas negativas en tus relaciones?

12 ¿Te relajas fácilmente y olvidas las tensiones del día?

13 ¿Duermes profundamente por la noche?

	SÍ	NO	A VECES

14 ¿Te levantas de buen humor por la mañana?

15 ¿Sobrecargas tu agenda y nunca tienes tiempo para ti?

16 ¿Te resulta difícil dejar que alguien realice tus tareas?

17 ¿Tienes la sensación de no haber alcanzado nunca tu pleno potencial?

En tal caso, indica por qué lo crees:

❶ _____ **❷** _____

❸ _____ **❹** _____

❺ _____ **❻** _____

❼ _____ **❽** _____

❾ _____ **❿** _____

18 Incluso cuando suceden cosas positivas, ¿sueñas en que algo podría salir mal?

19 ¿Eres muy autocrítico? Si es así, indica lo que no te gusta de ti:

❶ _____ **❷** _____

❸ _____ **❹** _____

❺ _____ **❻** _____

❼ _____ **❽** _____

❾ _____ **❿** _____

20 ¿Tus padres siguen controlando tu vida?

21 ¿Eres del tipo de personas que disfruta siendo la víctima o jugando a ser un mártir?

22 ¿Te resulta difícil demostrar tus sentimientos?

23 ¿Tienes la impresión de estar sumido en la rutina?

24 ¿Te asusta que alguien se acerque a ti?

25 ¿Tienes asuntos pendientes de resolver de anteriores relaciones?

26 ¿Continúas sintiendo vergüenza o sintiéndote culpable de algo que aconteció en el pasado?

27 ¿Sigues apesadumbrado por la muerte de un familiar próximo o amigo íntimo?

28 ¿Tienes creencias limitadoras acerca de ti mismo que influyen en tu vida?

29 ¿Te disgusta tu estilo de vida actual?

30 Visualiza la persona que te gustaría ser, viviendo tus sueños. ¿Te sientes bien?

PUNTUACIÓN

Anota dos puntos por cada «Sí», uno por cada «A veces» y cero por cada «No».

40-60
Necesitas una urgente terapia emocional para impulsar tu autoestima; lo mereces. Decide qué aspecto quieres trabajar y sigue algunos de los pasos del proyecto «El desorden emocional» en las páginas 60-65.

20-39
Aun no se ha producido un cierre emocional, pero no te estás proporcionando todo lo que necesitas. Medita un poco y decide por dónde vas a empezar. Luego sigue los pasos del proyecto «El desorden emocional» en las páginas 60-65.

19 o menos
Emocionalmente estás muy cerca del equilibrio, pero te hallas en la cima de una montaña y en cualquier momento podrías caerte por la vertiente equivocada. Trabaja un poco en ti mismo y sigue los pasos apropiados del proyecto «El desorden emocional» en las páginas 60-65.

Así pues, ¿qué tal lo has hecho?

Después de pasar algún tiempo trabajando en ti mismo desde una perspectiva emocional y de seguir los pasos del proyecto «El desorden emocional» (véanse pp. 60-65), deberías advertir algunos cambios profundos.

Practicando con regularidad las técnicas de visualización y las afirmaciones mencionadas a lo largo de todo el libro, sin duda habrás empezado a invertir las pautas diarias negativas o las actitudes de la infancia o derivadas de un trauma emocional afianzadas en tu psique. Aprendiendo a aliviar el estrés (liberando el enojo cuando sea necesario, acostumbrándote a preocuparte menos y reservando un tiempo especial para ti cada día) te sentirás una persona más feliz y positiva. Mejorar la autoimagen y aumentar la autoestima es fundamental; cuando te sientes bien eres capaz de conseguir cualquier cosa. Asimismo, liberar los miedos interiores o irracionales también puede impulsar tu progreso en la vida. Podemos perdernos muchas experiencias excitantes en la vida simplemente porque nuestra voz interior nos dice que somos incapaces de vivirlas. Pero en realidad, lo único que nos impide alcanzar la luna es el miedo al cambio. Los miedos más irracionales se pueden disipar cambiando la forma negativa de pensar, pero si miras a tu alrededor y procuras ver un sinfín de cosas agradables llegando a tu vida, esto es precisamente lo que ocurrirá.

Reevaluar las relaciones

Los amigos son muy importantes en nuestra vida y pueden ayudarnos en nuestro proceso de crecimiento. Pero al igual que nosotros y nuestra energía cambian con el tiempo, lo mismo ocurre con nuestras relaciones de amistad. Tal vez te sientas un poco culpable si, tras haber trabajado el paso 95, estás limitando el tiempo que pasas con algunos amigos emocionalmente «drenantes», o has cortado tu relación con ellos. Sin embargo, recuerda que necesitas cuidarte más y preservar tu energía; tienes el derecho de elegir a quién quieres en tu mundo. Pues bien, en las relaciones sentimentales ocurre lo mismo; encontrar la pareja ideal puede suponer un considerable esfuerzo. Si después del paso 94 eres incapaz de resolver los problemas en tu relación actual, por lo menos lo habrás intentado y estarás en disposición de iniciar otra nueva y más satisfactoria. Atraer a una nueva pareja ideal para ti sólo es cuestión de trabajo. Si crees haberte liberado del pasado en el paso 93, aborda también cualquier pauta negativa que estés repitiendo en las relaciones. Procura revisualizar mentalmente las relaciones anteriores y corregir los problemas que siguen surgiendo hasta que finalmente desaparezcan. Si tienes barreras emocionales, visualiza una relación íntima y apasionada con tu pareja ideal hasta que entre en tu vida. Exterioriza tus sentimientos si acabas de perder a un pariente o amigo; constituye una parte importante de todo el proceso.

Amar la vida

Si has seguido los consejos del paso 98, espero que ahora te sientas muy optimista en la vida y que hayas sido capaz de erradicar las autolimitaciones. Recuerda que a menudo creamos nuestras propias barreras a causa de un temor irracional a continuar avanzando. No caigas en la rutina en tu profesión o estilo de vida; puedes conseguir lo que quieras. Sigue trabajando en ti mismo y ten paciencia; el autodesarrollo es un proceso continuado. Algunas creencias viejas y negativas pueden ser difíciles de eliminar, pero es posible hacerlo. Felicítate por todo cuanto has logrado hasta la fecha. Ya eres una persona mucho más equilibrada. Sal de casa y haz lo que te apetezca. Toca el cielo con los dedos y haz tus sueños realidad.

Índice
analítico

Agradecimientos

Quiero dar las gracias a Cindy Richard por su paciencia durante la redacción de este libro, y a Liz Dean por su amistad, creatividad y eficiencia habitual en cuanto se refiere a organización a la hora de editarlo y promocionarlo. Gracias también a Paul Woods por su profesionalidad en el diseño, y a Trina Dalziel por sus atractivas ilustraciones. Por último, un fuerte abrazo para mi hermana Gill, por su constante estímulo, así como a mis amigos Claire, Ann, Cathy, Lynne, Sarah y Steve, que me ha ofrecido su apoyo a lo largo de todo el proceso.

Mary Lambert reside en Londres y se puede contactar con ella para realizar cualquier consulta relacionada con el Feng Shui y el orden en la casa y la oficina vía e-mail: maryliz.lambert@virgin.net

Bibliografía

Aslett, Don, *Clutter's Last Stand*, Writer's Digest Books.

Lambert, Mary, *Cómo eliminar el desorden con el Feng Shui*, Oniro, 2002.

—, *Feng Shui para una vida armoniosa*, Oniro, 2003.

Créditos de las ilustraciones

pp. 2, 4, 6-7, 9, 16, 17, 18, 23, 27, 66 con agradecimiento a Sainsbury's Home; diseñadas para inspirar, esta gama de cosas modernas, prácticas y asequibles embellecen la casa;

pp. 8, 31, 57 The White Company, suministradores de ropa de cama y accesorios para el hogar; página web: www.thewhiteco.com;

p. 11 Mark Luscombe-Whyte/www.elizabethwhiting.com;

p. 15 Neil Davis/www.elizabethwhiting.com;

p. 21 Tom Leighton/www.elizabethwhiting.com;

p. 35 Bruce Hemming/www.elizabethwhiting.com;

p. 39 Lu Jeffery/www.elizabethwhiting.com;

p. 40 4 My Way of Life. Las cajas de papel artesanales se han confeccionado con productos de textura natural renovables y reciclables; página web: www.4mywayoflife.com;

p. 43 Tom Leighton/www.elizabethwhiting.com;

p. 49 Ian Parry/www.elizabethwhiting.com;

p. 51 Tim Street-Porter/www.elizabethwhiting.com;

p. 52 Tino Teddaldi;

p. 55 Dennis Stone/www.elizabethwhiting.com.

soəsəp sol əp ɒʇəꞁɹɒ⊥

Tarjeta de los   deseos